湯地丈雄　（1847～1913、明治35年撮影）

福岡県庁前の東公園に建つ亀山上皇像

矢田一嘯画　「蒙古襲来油画　第十二図」（靖國神社遊就館蔵）

矢田一嘯（1858 ～ 1913）

矢田一嘯画伯の協力で、「蒙古襲来油画」全14画面の力作が完成し、
湯地丈雄は全国の講演会場でこれらを公開した

原型となった木造亀山上皇像が納められている筥崎宮（福岡市）の奉安殿

亀山上皇御尊像

亀山上皇像（筥崎宮蔵）
（山崎朝雲作　元寇紀念碑亀山上皇像原型）

日蓮聖人銅像

佐野前励（1859～1912）

鎮西身延山本佛寺（福岡県うきは市）住職、佐野前励上人は、
湯地丈雄と同時期、日蓮聖人像建立のために全国を遊説した

本佛寺宝物殿に展示されている幻灯機と幻灯種板
（『よみがえる明治絵画』（福岡県立美術館発行）より）

元寇の悲惨さを伝えるため、湯地丈雄や佐野前励は、このような幻灯機を使って全国をまわった（鎮西身延山本佛寺蔵）

明治期に発行された、元寇図が描かれた旧国立銀行券の一円紙幣

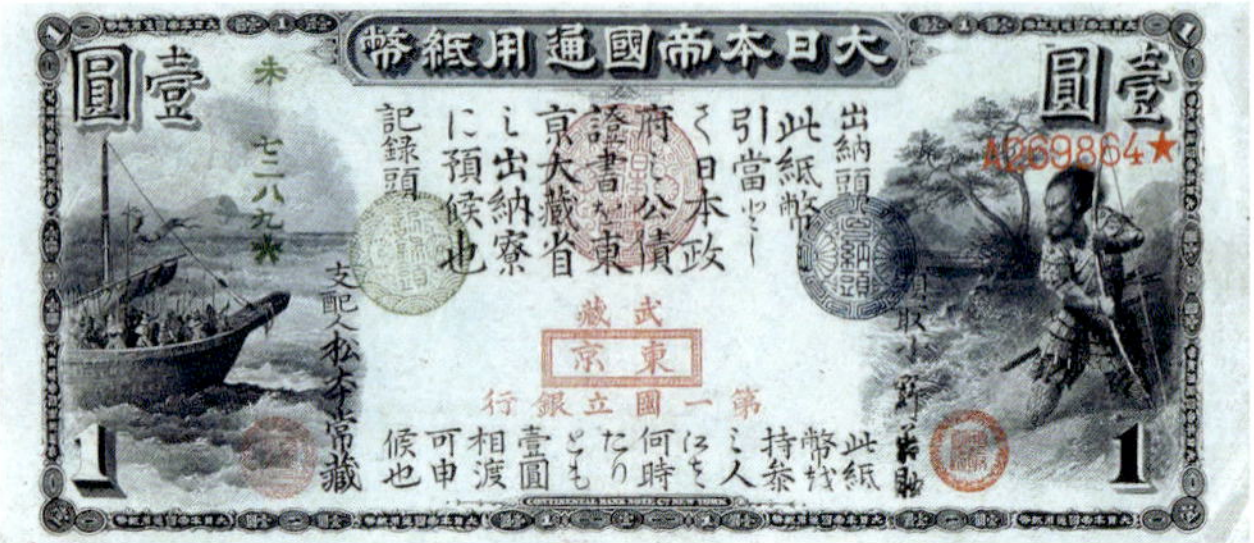

（日本銀行金融研究所貨幣博物館蔵）

上記元寇戦闘図の拡大図

復刊にあたり

私は、日本人として深い感動とともに監修を終えることができました。

原著は、牧書房主、牧重治氏とその意気に感じて執筆した仲村久慈氏の執念なくしては完成しなかった偉人伝です。よくぞ物資不足の戦時下にあって三千部も出版したものだというのがいつわりのない私の驚きと実感でした。

最初に読了後、私は同じ日本人として、牧氏と仲村氏の意志を継承したいという強い気持ちがわき上がりました。

今回、『湯地丈雄』の復刊にあたり、刊行に至るまでの経緯とその意義を述べて復刊のことばに代えさせていただきます。

私は、昭和三十八年四月、福岡県巡査を拝命し、四十年余、警察官として奉職し、平成十六年に退官しました。今でも巡査当時のことが懐かしく思い出されます。

その頃、東公園内には武徳殿とよばれた堂々たる体育館がありました。この武徳殿は福岡県警察が施設を管理し、警察官が剣道、柔道、逮捕術などの訓練を行っていました。武徳殿には併設して弓道場もありました。

東公園は大濠公園とともに広い敷地を有する福岡市民の憩いの場所として現在も市民に愛されています。

当時、福岡県庁は福岡市天神町にあり、警察本部も県庁舎と合同の庁舎でありました。県庁舎の老朽化に伴い、福岡市の人口増加と都心部の再開発ということも視野に入れた庁舎移転が大きな話題となり、幾つかの候補地を絞りこんで東公園に決定し、亀井光知事の時代に新築移転となったのです。

武徳殿は県庁舎等の移転に伴って大濠公園内に新築移転して、名前も福岡武道館と改称して現在に至っています。

当時、武徳殿では警察の県下警察署対抗の柔剣道大会等が毎年、開催されていました。その頃の東公園は千代の松原がありまして、博多湾もそれほど埋立が進んでいませんでした。元寇紀念碑の亀山上皇像が築かれている高台まで登ると、はるかに博多湾が一望できたことが懐かしく思い出されます。

昭和五十六年、亀山上皇像の前には福岡県庁舎が、日蓮上人像の前には県警本部庁舎が独立して建設されました。この時に公園内には多くの樹木が植えられて、数十年経った現在、鬱蒼とした景観になっています。

このように景観が大きく変わったことから、東公園内にある亀山上皇像と日蓮上人像がなぜその場所に建立されているのか、その由来を知る福岡市民は数少くなってしまいました。

私が湯地丈雄を知ったのは、福岡県警友会が刊行した野上傳蔵著の『湯地署長—元寇記念碑の由来』でした。この本には、元寇を撃退した当時の日本人の気概を顕彰するために福岡警察署長の要職を敢然と辞して、紀念碑の建設に心血を注いだ湯地丈雄と紀念碑の由来について書かれています。誹謗と中傷に耐えて十七年の歳月を経て銅像建設に至った経緯を読了した時の感動を今でも忘れることができません。不屈の精神と日本人の気概をもった傑人が警察官の先輩にいたことを誇りに思ったものでした。

元寇紀念碑建設の募金の趣旨を説くために、元寇の歴史を盛り込んだ幻灯写真を発案して幻灯機として携帯し、さらに当時有名であった矢田一嘯画伯が描いた元寇の油絵を馬に積んで、北は北海道から南は九州鹿児島まで全国の津々浦々を行脚して百万人以上の聴衆に講演しています。明治維新から間のない頃の日本人に愛国心を芽生えさせた彼の偉業なくしては、日清、日露戦争は勝利しなかったのではないかとさえ思うのです。

また、陰で彼の偉業を支えながら貧困に耐えた湯地登和子夫人の内助の功を偲ばずにはいられません。

長い警察人生の間に多くの素晴らしい先輩や友人との出会いがありましたが、畏友、古賀富治男氏もその一人です。彼は長年、東洋の哲学と歴史を学び、吟詠と漢詩を愛好しています。さらに九州大学名誉教授で陽明学者であった岡田武彦先生が設立した「東洋の心を学ぶ会」の役員として現在もなお活躍しておられ、吟詠家であった山田積善先生に私淑し研究されておられます。

古賀氏は病気のために湯地丈雄に関する研究を中断されて警察ＯＢである私に研究資料を託されました。それらの資料の中に、仲村久慈著『湯地丈雄』という稀覯《きこう》本がありました。まさしく野上傳蔵氏が参考文献とした原著であり、ぜひとも一度は読んでみたいと願っていた著書でした。おそらく古書市場を渉猟しても二度と見つからない稀覯本であることがわかりました。私は一気に読了して、ふたたび深い感動を覚えたのでした。日本人のために後世に残したい良書であるという確信がありました。

私の手元に残しておいては、いつしか紛失してしまうおそれがあります。一人でも多くの日本人、とりわけ次代を担う若い世代の人々にはぜひ読んでもらいたいという強い思いでありました。

わが国は、めまぐるしく変化する国際情勢の中で、政治、経済、国防、治安、財政、高齢化をはじめとして多くの問題を抱えています。今ほど日本の将来を見据えた舵取りが迫られている時はありません。

今こそ愛国心に燃えた先人の生き方に学ぶことが大切な時代だと考えます。歴史を振り返り、先人の生き方、先人の気概を学ぶことが大切ではないでしょうか。

著者、仲村久慈氏は、当時、日本文学報国会詩部会員、つまり詩人でした。彼の文章は格調も高く、先見性のあった彼は重要かつ詳細な記録資料をあわせて掲載しています。

仲村久慈氏は当時、わずかに三十二歳の新進気鋭の詩人でした。文章が若々しく、詩情に満ちた渾身の著述であることは明らかです。

明治、大正、昭和と三代にわたり時代は移りかわり、湯地丈雄や紀念碑建設に関する資料も多くは散逸していました。彼はわずかに残る資料と、当時、生存していた湯地氏の親族や関係者からの聞き取りによって上梓できたものであり、仲村久慈氏の胸臆からほとばしり出た愛国心と熱情が伝わってきます。

しかしながら、戦時中の出版であったため、今日では稀覯本として国会図書館や大学図書館等に収蔵されているに過ぎません。

私は牧氏の意志を継承する者として一般の読者のために復刊という形で出版することにしました。すでに初版から七十年以上も経過していることから、現代の読者には読みづらいと思われる文語体を口語体に改め、漢字とひらがなが混在する文体を統一し、句読点も現代の読みに改め、さらに難しい漢字にはふりがなをつけるなどして、できるだけ幅広い層の読者に読んでもらえるように編集しました。

しかし本書に収録され、資料的に価値が高く、今後の研究者の貴重な資料ともなるであろう「元寇紀念碑建設義捐金募集広告」「聴衆員数の記録表」や「湯地丈雄論稿抄」等は原文のままといたしました。さらに、旧版が刊行されたのは、第二次大戦中の昭和十八年のことであり、七十年を経た現今では、不適切な表現も散見されますが、当時の社会事情を忖度し、あえて原文のままとさせていただきました。

今回、私の意志を汲んで元寇紀念碑の近くにある地元の梓書院の田村志朗社長には出版の意義にご賛同をいただきまして出版に至りました。また、湯地丈雄顕彰会代表として長年にわたって顕彰活動を続けてこられた牟田敏雄氏には、これまで活動資料の提供や紀念碑建設に係る逸話等の聞き取りに多大なご協力をいただきました。

また、亀山上皇像の隣に建立されている日蓮上人銅像は、福岡県うきは市の日蓮宗鎮西身延山本佛寺の前住職佐野前励上人が尽力されて同時代に完成したものです。前励上人の法嗣、佐野前延山首には貴重な絵画、文献等の掲載使用を快諾いただき、偉人伝『湯地丈雄』にも語られていない貴重な逸話をお聞かせいただきました。

また、靖國神社のご好意によりまして、遊就館所蔵の矢田一嘯画伯の元寇油画の画像提供を、いただくことができました。また、日本銀行金融研究所貨幣博物館には、湯地丈雄が全国遊説で国民に力説した旧国立銀行券（一円紙幣）の画像使用の承認をいただき、口絵に掲載することができました。

亀山上皇木造像を奉安されている筥崎八幡宮には、元寇に関する資料の閲覧と画像の提供をいただきました。

多くの方々のご支援、ご協力により復刊することができましたこと、重ねて感謝とお礼を申し上げます。

また、本書編集にあたり、編集、校正等にご尽力いただだいた梓書院の田村明美さん、藤山明子さん、鶴田純さんには心からお礼を申し上げます。

むすびに、湯地丈雄の偉業とこれにかかわった多くの日本人たちの歴史的な事実が一人でも多くの人々によって読み継がれていくことを願っています。

平成二十七年三月

九州国際大学 特任教授　三浦　尚司

まえがき

かつて菅原道真公は《一栄一落是春秋》と、人生の浮き沈みをその七絶にたくして詠歎した。この苦難に富める二十年の春秋を、湯地丈雄《ゆぢたけお》はみずから貧苦困難のさなかに投じて、我が身の栄達をはからず、妻子の安居を希《ねが》わず《護国》の二字に挺身して東奔西走、松籟澄みわたる千代松原に、万古に薫る偉業を遺《のこ》し、七重八重咲き誇りつつも人知れず散る深山《みやま》椿の花よりもなお清純にその生涯を閉じたのであった。

対比せんや　豈《あ》に当《まさ》に　奇傑《きけつ》の名を
子平、彦九、また君平
愧《は》ず為政　斉民の徳無きことを
只《た》だ献身を以《もっ》て　聖明に答えん

かつてある人が、維新前の三奇人と呼ばれた、高山彦九郎、蒲生君平、林子平の三士をもって湯地丈雄を評したとき、この翁はこの一詩を草してそれに答えた。また、翁が建碑事業に諸

国を歴遊して、みたびもその家門をよぎりながらも、一度も我が家へ立ち寄ることをしなかったとき、これに感激した徳富淇水は、

世途を超脱す　人鬼《じんき》の関
丹心　国を計《はか》って　艱難《かんなん》を渉《わた》る
丈夫　涙有り　家郷の信《おとずれ》
思い起こす　過門　三たびの往還

と、その感懐を一詩にたくしておくられたのである。

明治十九年に志を立て、同二十八年まで、日本の国土をめぐり、三間僻邑《ひゆう》枯林をわけ風雪をおかして、国防精神を鼓吹《こすい》し、日清日露の両役にあたって銃後、国民の結束を促し、その大捷にかくれたる偉勲《いくん》をたてていた。明治高士伝中の第一人者、湯地丈雄の名を知る人は余りにも少ない。

しかし、ひとたび彼の筑前博多千代松原を尋ねたものは、東公園の蒼穹《そうきゅう》に聳《そび》える日本一の大紀念碑、亀山上皇の御尊像を仰ぎみて、その聖像の神々しさにしばし声もなく沸きくる感激を

禁じ得なかったであろう。

この亀山上皇の御尊像をいただく元寇紀念の豊碑を知るものは多いが、その建設にそそがれた湯地丈雄の熱血と声涙を知るものは少ない。今こそ翁が捧げたこの建設由来を白日のもとに輝きあらしめんとする所以である。


昭和十七年十一月十日、私は特急下関行の車中の人となった。

湯地翁の生地、九州を探訪するの視察行である。先ず翁が感懐の地、福岡の博多に留まって千代松原の古戦場を探ね、元寇紀念碑を拝した。

この豊碑には、必ずその何処かに、湯地丈雄の名が刻まれていることと、その周囲をいくたびもめぐって見たが、翁の名はそのいずこにも発見することが出来なかった。

二十年の辛苦を経て建立したこの豊碑に、我が名をとどめなかったのは、すなわち《全国同心の衆徳》に依って完成したものであるからという意味からでもあろうが、ここにはからずも翁の人格の偉大さを知り、私はしばし頭を上げることさえならずに立ち尽くしていた。

噫《ああ》、世人が翁を忘れ去ったのもこのゆえであったのか、……と。

後日、これについて令孫湯地富雄氏にその意をたずねると、──祖父丈雄は、自分や妻子の名を石に刻んで、あの紀念碑の下に埋めさせたのです──と語った。

この一言はさらに翁の高徳を偲《しの》ばせ、私の感激を深めた。

そして、福岡から長崎へ足を運べば、ここでは、長崎事件当時の長崎警察署長、井出精五郎氏が九十四歳の高齢をもって、まるで私の今日ある来訪を待っていたかのように、まだ壮者をしのぐ元気なおももちで、当時の追憶を語ってくれた。

そして長崎から大分まで、九州半円をめぐること一週間、その資料を求めて歩いたが、翁がその業績の大なるに比して、その資料は意外に乏しく、その多くは喪《うしな》われ、忘れ去られ、僅《わず》かに翁の近親者湯地惟順（八十六歳）氏が記憶を呼びさまして呉《く》れたに過ぎず、私の希望にむくゆるものは、寂寥《せきりょう》たる失望ばかりであった。

しかし、かつて丈雄が朝夕その香りに親しみ、往昔を回顧《かいこ》したという博多湾は、そのかみのままの色と姿で私にも清澄《せいとう》な潮風をおくり、千代松原の松籟《しょうらい》は丈雄の精霊《せいれい》がよみがえってくるかと思われるごとき囁《ささや》きに鳴りさわいでいるではないか。私は思わず東京で牧氏（牧書房主）の言葉を思い起こした。

—あなたが書いてくれるなら、私はたとえどのような犠牲《ぎせい》をはらっても、この湯地さんのものだけは是非出版したい、それが現在の出版業者として私達の使命である筈《はず》だし、是非《ぜひ》これだけは完成したい。湯地丈雄の霊魂もきっと喜んでくれるだろうし、われわれの子孫も必ず喜んでくれるにちがいない。と心からなる熱情をかたむけて依頼された感激の言葉を。私はその時、この偉大なる人の、その業績の何分の一でも、世にあらわし伝えるのは筆をもつ我れ等の光栄であり使命である。いかなる労苦をはらってもこれだけは完成したいと心ひそかに決したのであった。

湯地丈雄のごときますらおこそ、いまの日本には最も必要な人なのである。

そう考えると不思議なほど、私にはまだ神秘的な力が腹の底から盛りあがってきた。

たとえ貧しき才能を挙げても、この英魂に今こそむくゆる時が来たのだと。

今この機会を逸して、いつの世に、誰が、この英魂を世に問うてくれるであろうか。

若《も》しそれがために丈雄の名が永久に忘れ去られるとしたら――と思うと、私はたとえどのような艱難《かんなん》をおかしても書かねばならぬと再び固く心に決した。そう決すると、私の旅枕に通うものは、湯地丈雄のことばかりで、ひと夜として深い眠りにふけることとてもなかった。

やがて、私はついに資料の乏しさを克服する自信がついた。翁の心は、いつしか貧しい私の心に生きて、信念でやれ、と教えてくれたからである。

畏《おそ》れ多くも、明治天皇の天聴《てんちょう》に達し、畏《かしこ》き御内帑金《ごないどきん》まで御下賜《おんかし》あらせられた。この光栄ある一大難事業。また、畏くも皇太子殿下（後の大正天皇）の御上覧を賜《たまわ》りし丈雄の幻灯《げんとう》と一嘯《いっしょう》の油絵。そしてつきせぬ丈雄の尽忠《じんちゅう》護国《ごこく》の精神。これを戦時日本の我等くにたみが知らないでは相い済まない。

吾妻路《あづまじ》のわれを待つ身はつくし潟《がた》　千代松原に小石つみしか

と、万里天涯に櫛風沐雨《しっぷうもくう》の辛酸《しんさん》をなめつつも、筑前の千代松原の建碑地に、小石を運んでいるという妻子の郷信に接して、さすが高邁《こうまい》なる大和丈夫《ますらお》も骨肉の情愛胸にあふれたが、この一首をおくりなおも巡歴を続けたという心情は、この重大なる時代に生を受けた我等のつねに忘れてはならぬ心事でもあろう。

ああ、この大丈夫の業績が、なにゆえにこそ今日まで地に秘められていたのであろうか。

《日本人気を付けッー》

《憂国の士、暫《しば》し車を止《とど》めよ》

と熱狂して、炎熱と酷寒にさらされ、衣は破れて身は老いさらばうまで、護国の大精神を鼓《こ》吹《すい》しつづけた湯地丈雄の忠誠は、いまぞ燦《さん》として白日のもとにその輝きを発するであろう。

さらば、湯地丈雄の英魂

護国の鬼と化して
この栄《はえ》ある国土の悠久を守れ
さらば日本のくにたみ
この雄魂《ゆうこん》の精神につづけ

荒川畔の寓居にて
仲　村　久　慈

目次

装幀―三谷一馬（初版）
鶴田　純（復刊）

復刊

湯地丈雄

元寇紀念碑
亀山上皇像を建てた男

長崎事件の衝動

このまちをかこむ山の勾配《こうばい》をつくっている家々のともしびが、ひとつひとつ消されてゆくと、いままで木立の中にこもっていた朝霧は、入江の水脈《みお》にそって海へ海へと吸われるように流れてゆく。

この港、瓊《けい》の浦《うら》は、天文の頃、深江の浦といわれていただけに、渚は街深く入りこんでいて、たまゆらは夢さえも通うかと思われるほど波穏やかであった。

明治十九年八月一日の朝である。

まだ鳴き残る鶏の声が、あちらこちらの雨戸をくりひろげて、いまほのぼのと白みゆく盆地の街、長崎の港はこの朝もいつものように静かであった。しかし、まちの人々は今朝にかぎって、何か不安な物腰で水を汲み、朝餉《あさげ》の仕度にも言葉すくないまなざしを交わし合うのであった。

それは昨日、誰からともなく伝え聴いた、

—清国の軍艦がやって来る—。

という言葉が頭の中にこびりついて、重々しい圧迫を感じるからであった。

七千トン級といえば、その頃の日本には思いも及ばぬ程大きな軍艦である。その七千トン以上といわれる清国の北洋艦隊、定遠、鎮遠、外二隻の戦艦が山のような鋼鉄の巨体をこの港に横づけするというので、恐いもの見たさ、といったような胸おどりの中にも、何か形のない不安が手や足の爪先まで、しびれるほどにしめつけて、人みなの表情からは、自然に明るい微笑の色が消え、唖のように眼だけが言葉をもってせわしく動いていた。

——われになきものを彼が持っている——。

それだけでも心愉しからざるものがあるのに、その彼が、われになきものをたずさえて、これ見よがしにやって来る。これは誰しも愉快なことではない。

この長崎の人々は、つね日頃から清国を先進国として尊敬してきた。

まちには清国の治外法権《ちがいほうけん》があり、そこに棲《す》む多くの清国人に対しても、つねに最大の愛と、尊敬とをささげてきた。

一時、昭和の流行をくまどった、あのアメリカニズムにも似た、一つの憧れさえもっていたのである。

港の居住者によくありがちな、単純な外来思想が一層その根を深くして、「彼等」を乗ぜしめる機会を与えたということは、かつての歴史の中にもしばしばあったことである。

彼の力を過大視する傾きが、この時代の人々には特に強くあった。

その心を「彼」はまた逆に利用することを忘れなかった。

清国戦艦の長崎寄港も、その下心からなる、一つの示威行動にほかならなかった。日本に対する無言の侮辱《ぶじょく》である。

心ある人々は、ひそかにこれを知りながらも、空しく手を組んで迎えるより外になすすべを知らなかった。

そして心なき人々は、ただ不安と好奇心とで身を焼く思いに時間の経過を見守っていた。

天正年間に南蛮船がはじめて渡来してきて以来、安政の開国まで、長崎は日本で唯ひとつの貿易港であったから、この港の人々は昔から、異国の商船には馴染《なじ》み深く、また心をゆるしてもいた。

しかし、軍艦と聞くと、全身が寒くなるほど、嫌《いや》な予感がして堪《たま》らない。

それは、外国の軍艦が来港して、今だかつて日本の歴史に幸福をもたらしたという記憶がないからである。

かつて三十二年前、ペリーが浦賀に入港して開港を迫ったとき、わが国内の民心がいかに紛《ふん》糾《きゅう》したかということや、その当時前後して長崎港にやってきたロシア、オランダ、ポルトガルなどの艦船による、国政干渉、通商貿易の強要など、みなこころ寒くなる思い出ばかりである。

長崎はことに外国船の驚異と恩恵とを兼ねた経験を、宿命的といってよいほど永年のあいだ感じ続けてきた港である。

——何事もなければよいが——。

と、人々は自然に敬虔《けいけん》な祈りを胸の中でかきあわせた。

明治の御親政が発布されてから十数年、めまぐるしいほどの躍進を重ねてきたときの日本であるから、そこにはもりあがる新生の力は充分に張り溢れていたので、この清国艦隊に対する不安は、敵を恐怖する心ではなかったが、強《し》いて敵を得たくないという、平和を愛する血の流れが、知らず知らず伝統の精神に脈搏《みゃくう》って、一つの不安をかもし出していたのであった。


そのような不安につつまれて明けた朝であったが、この日は絢爛《けんらん》たる清国水兵の一部の上陸が街の気配を賑《にぎ》やかにしただけで別に変わったこととてもなかった。

艦は港内に錨《いかり》を下ろして、むくむくと吐き出す黒い烟《けむり》があたりの夏色を濁し、空の青さを掩っていた。

この日寄港して来た戦艦は、定遠、鎮遠のほか、威遠、済遠の四艦であった。

ロシアのウラジオストックから帰国のみちを寄港したもので、水師提督の丁汝昌《ていじょしょう》は旗艦《きかん》の定遠に乗り、副提督格の英国士官ヤングは鎮遠に坐乗《ざじょう》していた。

寄港の目的は、単なる示威運動にほかならなかった。

この当時、日本の外交は朝鮮とのながい間の修交問題で、とかく清国とは意見の衝突が多く、清国の朝鮮侵略を如何にして防ぎ、友邦の独立を如何にして守ろうかと苦心をしているときであった。

それにも拘《かかわ》らず、清国はことごとに日本の権益を朝鮮から抹殺《まっさつ》しようとして策謀《さくぼう》していた。日本は最大の譲歩をもって、清国の悖徳《はいとく》行為をゆるし、最後まで平和維持の希望を捨てずに、多くの問題をさげて解決への努力をはらっていたときであった。

この外交交渉を自国の有利にみちびこうとする、清国一流の陰険な示威であることをわが当局としても充分に知っていたが、知らぬふりをしてこの巨大な客をこころよく迎えたのであった。

まちの人々はこの珍客に、いつの間にか、不安のまなざしをやわらげて、親しみの微笑をさえ投げかわすようになった。

毎日、少しづつ上陸を済ませた水兵たちは、夜に入るのを待ちどおしげに、夕刻から盛り場を泳ぐように、五人、六人と隊伍《たいご》を組んで酒を呑み歩いていた。

どこの町の飲食店にも、清国水兵の甲高い声が満ちていた。

わけのわからない唄がかなりの夜更けまで町角を縫っていた。

そして提督や士官は、饗応の酒に微酔の頬を赫《あか》らめ、瓊《けい》の浦《うら》から吹き抜けてくる涼しい風に、団扇《うちわ》を軽く襟元でもてあそびながら、薄月の影さす橋のたもとにたたずむ麻の白地を着流した日本の女の後ろ姿に、恍惚と見とれて過ぎる夜もあった。

こうした日が幾日か続いて、北洋艦隊寄港の昂奮《こうふん》が人々の頭から漸《ようや》く薄らいできた八月十三日の夜のことであった。

渚にほど近い寄合町の或る貸し座敷に、鎮遠乗り組みの五名の水兵が客となった。

近くの酒場を梯子呑みして歩いてきたらしく、水兵たちはかなり泥酔していた。

この座敷へ呼ばれた五人の妓《おんな》のうち、夕霧という妓は殊に眉目が秀れていたので、五人ともその妓を自分のものにしようとして、醜《みに》くい争いを始めてしまった。

はじめは口泡をとばし、罵りの言葉をさわがしく投げあっていただけであったが、なかの一人が立ち上がって、前にいた一番体の大きい居猛高になっている水兵の一人につかみかかると、その大男も食卓を蹴飛ばして殴りつけてきた。

この勢いに応じてほかの三人もよろめきながら立ち上がりざまに、相手かまわずむしゃぶりついて、ぽかぽかと拳を固めて殴りちらした。

もうこうなると誰もが相手の顔さえわからなくなってくる。

ただ、相手かまわず殴りつけ、全部を制し終わったら、さぞ自分が英雄に見えるだろう、そうしたら彼の美しい妓が自分を好きになる。—といったような莫迦莫迦《ばかばか》しい、それも漠然とした意識のもとに、蛮勇を奮《ふる》うのであるから堪《たま》らない。

この乱闘をはじめのうちは制しようとつとめていた妓たちも、遂に悲鳴をあげながら逃げ出してしまった。

その声を聞いて駈けつけたこの家の人たちも、言葉がちっとも通じないのでどうすることも出来ず、ただうろうろしているばかりである。

彼等はますます大声を立ててわめいた。そして襖《ふすま》を蹴飛《けと》ばし、障子《しょうじ》を押し破って、何かを探すように廊下に飛び出した。

そこにいた妓たちは側杖をくって擲《な》げとばされたり、髪の毛をむしられたりしたので、ますます怖れをなして、あるいは大声で救いを求めながら戸外に飛び出す者もあった。

水兵達はますます暴れ狂い、手当たり次第、ありとあらゆる家具や品物を踏みつけ、蹴り倒し、投げつけ、ぶち破り、部屋から部屋へ、妓たちの悲鳴を猛獣のように追いまわしていた。

そこに居合わす客たちも、その勢いに怖れて近寄ることも出来ない。ただ鶏をしめるような声が向こうでもこちらでも、きえつ、きえつ、というので、もう居ても立ってもいられない気持ちと、激しい憤怒で堪らなく足踏みするばかりだった。

「畜生ッ、兵隊でなかったらぶんのめしてやるんだ」

誰かがそう言いながら唇を噛《か》んだ。

そこへ、程近い丸山巡査派出所の星川巡査が、急を聞いて、靴音も高く駈けこんで来た。無惨に投げ出され踏みにじられた器具や掛け軸や花立てなど、乱暴狼藉は言語に絶し、星川巡査もあまりのことに茫然《ぼうぜん》として、ひとときは足の踏み場に困惑したが、気を取り直して暴兵の中へ飛び込んでいった。

「静まれッ、静まれッ」

星川巡査は怒りを耐え、大きな声で叫びながら一人一人を制し続けた。

その声にやっと我にかえったかのように、しどろもどろ、豚のような細い眼をこすりながら、巡査の制服をゆっくり眺めまわしてから、二足三足危なげな足どりをよろめかせて、四人だけはこそこそ逃げるように戸外に消えていってしまった。

—ふんじばってしまえッ—

誰かが後の方で怒鳴っていた。

星川巡査はその声には耳をかさず、一人後に残って、仁王様のように眼をむいて突立っている水兵に近寄り、

「君も早く帰りたまえ、みんな帰ってしまったじゃないか」

と言いながら、手をとって外へ連れ出そうとすると、

「ぐわっ」と喚《わめ》きながら、水兵はいきなり星川巡査に襲いかかってきた。

これは大兵肥満の王発という水兵であった。

星川巡査は咄嗟《とっさ》に身を躱《かわ》し、鋭く突き出してきた王発の右腕をしっかりと捉《とら》えて、

「乱暴するなッ」

と一喝しながら軽く突き飛ばした。

王発は少しよろめきながら後すざりした。

すばやくその背後にまわった星川巡査は、両手を王発の脇に入れて抱きかかえるようにしながら戸外に連れ出そうとした。

すると王発はますます居猛高になって、星川巡査に背負い投げを掛けてきた。

何しろ言葉が通じないので、星川巡査もほとほと困ってしまった。

温順しく諭そうとするにも、相手は耳を傾けようともしない。それに腕力が非常に強くて、ややともすれば自分の方がねじ伏せられそうになる。

王発のがむしゃらな空拳は星川巡査の耳のあたりを強《したた》かに打った。

いつの間にか集まって来た人々はまるい人垣をつくって手に汗をにぎっているばかりだった。最早、これ以上王発の反省を待つことは無益のことであると知りながらも、相手が異国の軍人であるだけにその措置に困った。

こうして星川巡査が思い惑っている際に乗じ、王発はいよいよ激しく殴りかかってくる。そ

の一瞬だった。—どしーん—と、物凄い大きな音を立てて王発の巨体が路上に投げ出された。

星川巡査の背負い投げが見事に極まったのである。

これ以上譲歩していることが反って王発をつけ上がらせる結果になると知った星川巡査の最後の決心であった。

わあっ、という喊声《かんせい》がいちどに垣を崩しながら湧《わ》き上った。

それでも王発はひるまず、また立ち上がって襲いかかろうとするところを、星川巡査は間髪を入れず組み伏せて、素早く縄をかけてしまった。

短い時間ではあったが、さすがの星川巡査の頬からは大粒の汗が流れ、清潔な夏服はいつのまにか土にまみれて汚れていた。

そして、王発の身柄はひとまず西浜町の長崎警察署に連行し、改めて署長の指示に従い、清国領事館へ引き渡した。


この夜は、これでひとまず街の空気も平穏にかえったが、翌日の十四日になると、早朝から夜に至るまで、多数の清国水兵は士官の指揮の下に、広馬場町から本籠町、船大工町、山ノ口、本石灰町などの広範な区域に渉って、軍歌をうたったり、或いは大声で何かを叫びながら、幾度となく往きつ戻りつ頻繁に往来して、陰険な示威行進を続けていた。

人々は大きな颶風《ぐふう》の起こるような予感に思わず顔を見合わせて長い溜息《ためいき》を洩らした。

町々の巡査派出所もひとりでに緊張して顎紐《あごひも》をかけていた。

その日はそのままに暮れ、そして十五日となった。

十五日も、前日と同じように不穏の行動は止まらないばかりか、横行する水兵の数は目立って多くなってきたので、気の早い商家では雨戸を下して声をひそめているものもあり、所在官庁は極度に緊張していた。

街並はひっそりとして戸外に遊ぶ人もすくなく、夕暮が近くなるにしたがって、悪魔の幻影でも下りて来そうな不安と焦燥《しょうそう》の影が、その辺一帯の夜を早めていった。

その夜、午後八時頃であった。

水兵の一団が広馬場巡査立番の真近に来たかと思う間もなく、そこに立番中の福本巡査を取り囲み、ものをも言わず襲いかかって、忽ち袋叩きにしてしまった。

何しろ相手は大勢であるばかりでなく不意打ちに襲って来たのであるから、一人きりの福本巡査にはどうすることも出来なかった。

ただ無念の唇を噛《か》み、清国水兵上陸以来の第一番目の犠牲者として、敢えなくその場に斃《たお》れたのであった。

この福本巡査を斃《たお》した暴兵の一団はその勢いに乗じ、広馬場から本籠町へ、そして船大工町、山ノ口と、片っ端から巡査派出所を襲撃し、或いは民家に石を投じ、忽ちのうちに乱闘と狂乱の渦を大きく繰り展げていった。

暴兵の数は次第に増すばかりである。

わが方も、巡査と市民が協力してこの暴兵にあたれば、敵の士官は指笛を鳴らして暴兵を指揮督戦し、新地、広馬場などに在住していた清国の居留民は、前日来ひそかに市内の各古道具店をあさって買い集めていた刀剣を、自分の家の二階の窓や物干しなどから、暴兵に投げ与えてこれを援助し、またわが方の市民も、船大工町、本籠町などに散在している各道具店に飛び込んで、手当たり次第に、刀や槍などを持ち出して警官隊に応援し、また武器のない人々は屋上に駈けのぼって屋根瓦をはぎ、これを暴兵の頭上に投げつけ、官民一致協力してその鎮圧に努めた。

しかし、この争闘が敵味方入り乱れていたため、わが市民の投げる瓦に傷つくものは敵の暴兵ばかりではなく、味方のなかにもまた傷つくものがすくなくなかった。

時の経つに従って暴徒の数はますます増大し、巡査派出所は焼かれるものもあり、倒されるものもあり、そのあたりには最早満足なものは一つもないほどに悲惨《ひさん》を極めてしまった。

この飛報を受けた長崎警察署からは、森監督巡査（部長）がこれを鎮めようとして車を飛ばし、山ノ口まで駈けつけて来た。

するとそこにひしめいていた多くの暴兵たちは、忽《たちま》ちその車をとりまき、ものをも言わず森監督巡査を車から引き下し、狂気したように襲いかかって、胸のあたりを致命傷に達するまで、長刀をふるって突き刺してしまった。

森監督巡査は紅に染まってその場に倒れたが、そこへ駈けつけた大勢の市民のため、暴兵は追い散らされ、救けられて早速長崎病院に運ばれて手当てを受けたために、翌十六日の臨床検証まで意識を保っていたが、遂に午後四時頃息をひきとってしまった。

剣道四段、柔道三段の勇者であった森監督巡査が、全々その実力を発揮する事も出来ずに斃《たお》れたことはどんなにか無念であったろうと、その死を見守る人々は瞼を熱くし、空しく拳をふるわせていた。

こうして、森監督巡査まで斃した暴兵たちは、他の一団と合し、長崎警察署までも襲撃しようとして来た。

その急を知るや、本署から繰り出した多数の警官隊は、思案橋の上に車を横倒しにして連ね、これをバリケードとして陣を構え、これよりは一歩も通さじと奮戦している処へ、また市民が多勢応援に駈けつけて来て、漸く暴兵を退けることが出来た。

夜の更けるのに従い、市民たちの応援も物凄《ものすご》いまでに増加し、一時は危うく見えた味方の状況も次第に勢いを増して、漸次暴兵を圧迫し、大徳寺、あるいは寄合町、丸山、小島方面に、または高野平方面にまで追いつめ、十六日の午前二時に至って、漸《ようや》くこの暴兵を鎮圧することが出来た。

その夜は旧暦の七月十六日で、瓊の浦にそのかげを浮かばせた皎皎《こうこう》たる月の光りは、この修羅《しゅら》の場と化した血なまぐさい町々の寂寞を照らし、無数に傷つき斃れているこの事件の犠牲者たちの蒼貌《そうぼう》を哀しく路上に描いていた。


前後六時間にわたるこの夜の出来事も、突として起こった颶風《ぐふう》のように、またたく間に起こり、またたく間に街の一角を血に染めていったので、遠く離れた町の人々にはすぐに気付かないで、安い眠りにふけっていたものも少なくなかった。

長崎始審裁判所勤務の山口林三郎も、ちょうどこの夜は鶏肉デーだったので、大谷派説教所の園井という布教師などとともに、袋町の共楽亭という料理屋で夕食を共にし、午後十一時頃、母と連れだって家に帰るまで、少しもこの騒動を知らなかった。

ただ、街の空気が何となく殺気だっているように感じられ、清国兵の昼間の行動なども気にかかっていたので、絶えず心が落ち着かず、胸のうちが騒いで、呑んだ酒もすぐ醒《さ》めてしまうという変な夜であるばかりだった。

家に帰って間もなくの事であった。

誰かあわただしく表戸を叩くものがあるので、柴折戸《しおりど》を開いて見ると、勤務先の裁判所からの急使であった。使いの者は、早口に事件のあらましを伝えながら息せき込んでいた。

林三郎のおもてはみるみる蒼白にひきつっていった。

そして、すぐさま本庁に駈けつけて見ると、早くも集まっている同僚たちの眼光は薄暗い庁内に鋭く交錯して、右往左往する者ばかりが多く、非常な混雑を極めていた。

そこで、すぐに清国領事館におもむき、領事の出張を求めて、争闘の個処の実地検証を行うように命じられた林三郎は、人力車に後押しをつけて領事館へ急行した。

清国領事館に来て見ると、何事も知らぬげに、あたりは、ひっそりと静まりかえっていて、固く閉ざされた門の扉はいくら呼んでも答える者もなければ、開こうともしない。

仕方なく、その傍らにあった手頃の石を拾って、車夫とともに門扉に叩きつけた。

すると部厚な扉は象の遠吠《とおぼ》えのような鈍重な音を立てて揺らいだ。それを二三度繰り返しながら大声で呼びつづけていると、やっと側らの潜り戸が開かれて睡《ねむ》そうな守衛の顔があらわれた。林三郎はすぐさま領事に面会を求めたが、領事は寝ているからと言ってなかなか取り次ごうとしない。

「天下の一大事が起きているのに、寝ているから面会せぬとは何事だッ、叩《たた》き起こせ」

煮えきらない守衛の態度に大喝《だいかつ》すると、首を縮めながら守衛は中へ駈けこんでいった。

やっとのことで領事の寝ぼけ顔に面接した林三郎は、事件の一部を語るのももどかしく、すぐに出張検証をするように促した。

領事は漸く驚きの腰をうかせて立ち上がった。

やがて、先頭に、大清国領事衛門と朱で染め出した大提灯を一対、高々と掲げ、銅鑼《どら》を打ち鳴らし、大名行列のような尊大さで徐々に領事が出門したのは午前二時、月は瓊の浦の西方に大部傾き、一番鶏の鳴く声もくまなく歇《や》んだ頃であった。

現場に着くと、早くも跡片付けがされて、幾人かの死骸だけが残り、負傷者のあらましは、日本側は長崎病院へ、清国側は大浦の仮収容所へとそれぞれ収容された後であった。

しかし、いまだあたりは血腥《ちなま》ぐさく、無惨な犠牲者の姿が道路を塞ぎ、検証の人々の視線を思わず横にそむけさせる有様であった。

その夜は午前四時、ほのぼのと夜の白む頃、ひとまず検証を終わり、明けて十六日は早朝からその跡かたづけをする一方、各病院へは係官が出張して臨床調査を行った。

この調書は、初め、長崎始審裁判所の支那語通訳、瀧野種孝等によって、書類は全部支那文にしたのであったが、その後、英文にすることになり、控訴院の林検事長がその監督にあたり、控訴院のなかに翻訳局を設けて、前記の山口林三郎がその主幹となり、控訴院の通訳官、池邊源太郎や、警察署の通訳官、そのほか民間から募集した通訳など、みな力を協せて不眠不休の活動をつづけ、昼夜を通してその翻訳にあたり、およそ一週間位でこの仕事を完了することが出来た。

この翻訳がおおよそ終わるころ、司法省に雇われていたカルフードという英国人が長崎に出張してきて、再び事件の再調べに着手した。

このとき林三郎は、その通訳となってこれをたすけ、一日も早く事件の解決を急いだのであったが、なかなかその発端となった真相を知ることが出来ないで困った。

何しろ、事件の鍵となるべき人々の多くは斃れてともに真相を語る者もなく、生存した巡査などの述べるところはみなまちまちで一致せず、結局、事件の現状を巡視しその見取り図をつくり、各巡査の氏名を書いた紙を図の上に置きながら、再三再四これを調べてゆくことによって、漸《ようや》くその真相に近いものを知ることが出来たという風であった。

こうして取調べを続けているうちに、問題は突如外務省に移されることになった。

そして、外務省から新たな取調局長として鳩山和夫、外務省雇の米国人デニソン、通訳官として橋口直衛門、支那語通訳として鄭永昌などが長崎に下ってきた。

そして、事件最後の決定を見るべく、日清の立会審判が開かれた。

その審判に列した日本側の人々は、鳩山和夫、また、ときの長崎県知事日下義雄、デニソンなどで、清国側は、東京駐剳清国公使館参賛官揚樞、長崎領事蔡幹、英国人ドラモンドなどであった。

この時の橋口通訳は長崎語によく馴《な》れていなかったので、山口林三郎を臨時外務省雇としてこれを補佐させた。

この時の立会人としては、長崎県庁からは野口勝馬、清国側としては公使館の日本語通訳であった羅虎齢が出席して、いよいよ交親館（今の図書館の地）の表二階の大広間で審判が開かれることになった。

この清国側立会人の羅虎齢という男は、幕末時代に清国の密偵となって日本に渡り、俗に虎という異名を用いて、東海道五十三次をまたにかけ、雲助稼業をしながら日本の国情を探索していた曲者であっただけに、日本側にも非常によく精通していた。

この審判の重要な事項となって、巡査や市民や証人などを取り調べた問題は、去る八月十三日の夜、星川巡査が王発を捕縛《ほばく》したとき、罪人捕縛用として捕縄を用いないで、普通の藁縄《わらなわ》を用いたのは、清国の軍人を侮辱《ぶじょく》した行為であるから、この事件の責任は日本側にあるという、清国の主張によったことだけであった。

そのいいがかりには勿論日本もそのまま承服することが出来なかった。かりに、星川巡査が藁縄をもって捕縛したとしても、それは王発の抵抗が激しく、組みつ敷かれつしているうちに、其処に落ちていた藁縄をなかば無意識のうちに拾いとり、これをもって捕縛にいたったということは、その時の事情から推して考えて見ても、けっして侮辱的意志の働きからなした行為でないことは明らかなのである。

それればかりではない、その問題の中心となっている星川巡査は、すでにこの事件の犠牲となって斃《たお》れているのであるから、真偽のほどは全く不明なので、清国側の佞造《ねいぞう》した言いがかりであるかも知れなかったのである。

こうして午前中は審判が続けられ、午後から夜にかけては山口とデニソンの二人が、明日証人として出廷することになっている人々の下調べを行い、極力その正しい解決に努力をそそいだのであったが、清国は日本を侮《あなど》り、初めから誠意がないので、審判はただいたずらに永びくばかりであった。

そして、明治二十年の三月となり、事件を清国の北京に移すこととなり、一切の書類を楠製の大型トランク四個に詰め、一行は海を渡って彼の地におもむいていったのである。

しかし、北京においてもこの事件は解決することが出来なかった。

そしてふたたび事件は海を越えて東京に移され、事件がはじまって以来一年の月日をついやして、わが井上外務大臣と清国公使徐承祖とのあいだに、円満交渉が整い、両国の死傷者に対してお互いに撫恤金《ぶじゅつきん》を交換し、これを死亡者の遺族や負傷者に分け与えるということによって漸く和議が成立したのであった。

このようにして、さしもの難事件といわれた長崎事件もここに一応解決をみることが出来たのであるが、この国辱的事件に対する全国民の悲憤は火焔のように激しく燃えひろがり、ひとりとして痛恨《つうこん》の唇を噛《か》まないものはなかったが、ここに一人、とくに切歯扼腕《せっしやくわん》して国家の将来に深く憂いの心をめぐらし、

——この一身を捧げて将来の国難をのぞかん——

と勇躍奮起の決意をかためたのは、ときの福岡警察署長、湯地丈雄であった。

赤心の種子

湯地丈雄が長崎の悲報を聞いて、海路をいそぎ長崎にたどりついたのは八月十八日の昼近くであった。

街は乱闘の跡の惨状《さんじょう》がまだそのままになっていて、黙々と家の修理や跡片付けをしている人々の後ろ姿が、まざまざとその日のありさまを思い出させた。

丈雄はまず長崎警察署を訪れた。

署長の井出精五郎は警察責任者として関係官庁に出向いて行ったあとで留守だったので、小野木署長代理が玄関まで出迎えた。

一室に通され、小野木の話をこまかに聞いているうちに、多感な丈雄の血汐《ちしお》は火を発するかと思われるほど清国暴兵に対する悲憤に湧きたった。

凝とひざ頭の上で固めていた両手のこぶしは顫《ふる》い、いくたびも落ちてくる涙をはらっていた。

やがて警察署を辞して、丈雄は被害の多い町々のありさまをつぶさに検《しら》べながら歩いていた。

低い家並みを抜けてくる涼風は、丈雄の夏服をも染めるかと思うほどに血なまぐさく感じた。路傍にまろぶ一つひとつの石塊にも、堪《た》えがたい悲憤の情が漲《みなぎ》っているように思えた。

丈雄はさらに惨害の跡をたずねて、足の疲れも忘れ、ただ深い思いに沈みながら狭い町裏の路までもつぶさに視察した。

いま丈雄の幻覚によみがえってくるのは、六百年前の蒙古襲来の惨禍《さんか》である。妻子を虐殺され、家を焼かれ、また多くの将兵がその犠牲《にえ》となったばかりでなく、この秀麗なる国土を汚され、無缺《むけつ》なる国運に対して許しがたい無礼を加えられた彼の日、弘安四年の恐るべき外患に追憶し、感慨無量の念《おも》いに濡れるのであった。

崇福寺の鐘が韻々と鳴り響いた。

瓊《けい》の浦《うら》の渚に立つと、ただ松籟にさわぐ潮風が無聊《ぶりょう》の黄昏《たそがれ》におののくばかりである。

ああ、このとき、今すぐに奮い立って全日本の国民を警醒し、国防精神の涵養《かんよう》に心をいたさなかったら、かの元寇の惨害よりもなお一層恐るべき外患を受けて、後世の歴史家を泣かしめ、悔いを万世に残すようなことがあるかもしれない。

と、丈雄はガス灯があたりの窓に灯るまで、渚に立って暮れ残る天涯を凝視《ぎょうし》していた。

この視察によって丈雄が感じた国防の急務は、福岡に帰ると一層その情熱に火をそそいだ。

筑紫の一角長崎が、豚尾水兵の靴先によって腥風血雨《せいふうけつう》の巷《ちまた》とされたことは、彼等の眼中には日本艦隊なしとする無礼自尊の態度にほかならない。やがてこの自誇尊大の思想は必ず日本を侮り、ますます事を構えてくるにちがいない。いまや、文永、弘安の両役を回顧することによって、護国の精神を鼓舞《こぶ》することが絶対必要である。

丈雄は、彼の日、最も大きな惨害を被った博多湾の海辺に立ちならぶ千代の松原を逍遙して、その心をますます強くかためたのであった。

丈雄が筑前の福岡警察署長を拝命して赴任して来たのは、本年（明治十九年）の五月十四日である。

――酒を懐《おも》うものは麹車《きくしゃ》におうても垂涎《すいえん》をとどめあえず、人を恋うるものは、蜘蛛《くも》の振る舞いにも歓会《かんかい》を卜《ぼく》す――といわれるように、武士の家門に生を享け、元治元年十八歳の冬、長門の役に出陣してから明治維新まで戦場を往来したことは数度に及び、つねに勤皇の志あつく、武士の熱血が横溢《おういつ》していた丈雄には、着任早々筑前の海陸にひとしお深い感慨を覚えていたのであった。

そして、熱心に管内の安寧をはかる傍《かたわ》ら、暇さえあれば多々良《たたら》浜辺の松風にしたしみ、玄界灘の潮騒にさそわれて、神代ながらの山川草木に祖国の将来を思い、往昔の歴史をいくたびとなく回顧しつづけ、とき来たれば枯骨を埋めて国土をあたためようと念じつづけていたのである。

そして、このたびの長崎事件の衝動は、いよいよ丈雄を発奮させ、ここに偉大な感動をおこさせたのである。

折りもおり、丈雄が長崎から帰ると間もなく、更に丈雄の心を刺激する一つの事がおこった。それは炎熱の灼けつくような酷暑とともに我が国土全般にわたって猛威をきわめた、コレラの大猖獗《しょうけつ》であった。

この恐るべきコレラ病はまたたくうちに全土の都市や村落を襲い、その病患のために斃《たお》れるものは数えるに遑《いとま》ないほどで、殊に福岡県下の惨状は日に幾百の生命を奪うという惨憺《さんたん》たるもので、その犠牲となる老幼男女の数知れず、親に別れた幼な子の路頭に迷うさまや、夫に先立たれた寡婦《かふ》の流離落魄はひきもきらず、痛ましい恐怖の底に沈む人々は稼業を捨て門戸を閉じてただ悲しみの報せばかりに身をふるわせていた。

署長の職にある丈雄は、夜の目も寝ずに、東に西に奔走して、この疫癘《えきれい》の撲滅と民衆の保護のために全力を傾けつくした。

そしてこの悲境を目の前に見るにつけても、まざまざと脳裏の奥に浮遊するのは、かつてこの土地の住民が、元寇の襲来によって受けた大惨害のことである。

これを思えば、丈雄は日夜の巡回と奔走に綿のごとく疲れながらも、安らかな夜半の夢を結ぶことが出来なかった。

朝は未明から床を蹴って冷水をかぶり、身を清めてあめつちのよろずの神々に病患の退散を祈り、夕べはみ仏のまえにみあかしを捧げて悪疫の苦痛に散ったかずかずの御霊《みたま》につつましやかな冥福を祈りつづけた。

そしてまた折りあるごとに、多々良浜の松原をさまよい、むかし十万の元寇が寄せ来《きた》ったところの遺跡をたずねてその感懐を新たにしていた。

こうして、いくたびとなく多々良浜の浜辺を歩いているうちに、往昔の歴史がそのまま丈雄の眼前にひらけてきて、そこには磊々《るいるい》と横たわっている大石や小石は、みなかつて国難に殉じた多くの勇士や猛卒の髑髏《されこうべ》かとも思われ、感慨いよいよ深く、熱い涙をふるってそれを凝視しているうちに、枯骨に肉がつき、紅《くれない》の血潮が沸きたぎって、緋縅《ひおどし》の鎧《よろい》をつけ、玉散るごとき日本刀をふりかざして、

「湯地、汝も我とともに万世の皇基《こうき》を護らずや、如何《いか》に！」

と叫びつつ、喚きつつ、縦横無尽に外敵を斬りまくるのであった。

丈雄は狂気のようになって、この幻影を追い、その夜は家にも帰らず、この英魂とともに一夜を白砂の上に明かして、杳《ふか》くその日のありさまを瞼《まぶた》に灼《や》きつけ、おしせまる悲しみと憤りとに血をたぎらせ、渚《なぎさ》に低徊する精霊の前にひれ伏して、いよいよ国に殉ずるの決意を固く固く誓ったのであった。

やがて水平線を朱《あけ》に染めて真紅の太陽が波上に浮かびあがると、海一面に光の波紋がひろ

がって、輝きをおびた波濤《はとう》の音は一層力強く松原の緑に木靈《こだま》した。

丈雄の服はしっとりと夜露に濡れ、朝明けを浴びて陽炎《かげろう》のようにほのぼのと湯の香を立ててゆらいでいた。

そのあたたかさに恍惚《こうこつ》となり、また暫《しばら》くはこの白砂を立ち去りがたい気持ちであった。

国に殉じるといっても、国家はいま平和である。すぐさま身を捨てて尽《つ》くすということは何もなさそうである。しかし、人心は一見安らかであっても、それは無難の中で安眠しているに過ぎない安らかさで、本当の心構えが出来ていての安住ではない。このままで、ひとたび大難に遭遇すれば、ひとたまりもなく砕《くだ》け散る心もとない安逸《あんいつ》である。まず、この安逸に警鐘を打ち鳴らして、逞《たくま》しい目覚めを与えなくてはならない。治にいて乱を忘れぬ精神を培《つちか》わねば、乱に遭《あ》って乱を制する物心両面の用意を空《むな》しくし、偉大なる国難を引き起こすことにもなるであろう。

今こそ民心を警鐘し、国防精神の昂揚《こうよう》を図らねばならない絶対の秋《とき》である――。

それにはまず、この感慨の熱血をそそいだ福岡付近の土地をもって、弘安四年のむかしに起こった外寇の惨禍と、これに対して尽くされた忠勇義烈な国民の行動とを追憶させるために、その一大紀念碑を建設しよう――とわれに問い、われに答えて點頭《うなず》きながら、見上げる空はあくまでも浄い青さであった。

毎《つね》に青史を繙《ひもと》いて遺芳《いほう》に酔う
古跡　尋ね来たれば更《うた》た断腸
唯だ有り　行人風力を説き
忠魂祠《まつ》らずして　沙場に委《ゆだ》ぬを

この一詩は、丈雄がこのときの感懐をうたったものである。

これは、人々はみな、神助の暴風雨の事だけを語り伝え、彼の日の国難に散華《さんげ》した多くの忠魂を忘れ、砂中に埋もれたままにして、その英雄を祀らないということは、後世、人の心がその日の惨禍を忘れて仕舞うということにもなるので、かつて、何故、このような尊い忠魂を祀《まつ》る人がなかったのであろうか、と慨嘆したものである。


この事があってから、丈雄の日常生活は非常に変わり、毎朝、東の空がようやく白らんでくる頃には褥《しとね》を蹴って立ち上がり、頭上から冷水をかぶりながら一心不乱に詩を唱え、信念を唱《とな》えて天上の神に祈願をこめた。

これを見た近所の人たちは、——湯地さんはお気の毒に発狂したらしいねーなどとささやきあった。

そのような言葉がいつしか丈雄の耳にもはいったが、そんなことには耳を傾けようとさえせずに、ただ自分の信念によって行動した。そして、

全国同心の衆徳
古今独歩の豊碑
以て天地の元気を養い
以て万世の皇基《こうき》を護らん

という一詩を草して、その心境をのべた。

そして、いよいよこの大企画を発表したが、県官や郡吏は勿論のこと、丈雄の親友でさえも誰一人これを真面目に聞いてくれるものはなかった。

すでに六百年も昔のことを、いまさら何の必要あって持ち出したのであろうか——というのがそのときの世人の声であった。

それればかりではなく、文永・弘安の両役というものが、どのような事であったかさえ、はっきりと知っていない人々が多かった。いつの間にかこの大国難の歴史は世人の記憶から薄れ去

り、忘れられていたのである。

ましてて、何事もないのに、外敵などと言い出したので、このような観念の全然なかった人々には、狂人の寝言《ねごと》のように響くのであった。

そして丈雄のことを誰いうとなく〝元寇狂〟と呼んだ。

事実、丈雄の情熱は常人では推察出来ないほどの激烈なものであった。

こんな風であったから、家人も最初は非常に心配したが、そのときに詠んだつぎの一首を見ることによって、その真意のほどを深くうなずくことが出来た。


荒小田《あらおだ》をかえすがえすも国の為　赤き心の種をまかばや

丈雄はすぐにでも署長の職を辞めて、一意この運動に献身したかったのであったが、着任して間のないことではあり、後任の人を得ないうちに辞めては自分の官職に対する責任が済まないので、心は早瀬のように急《せ》きながらも、凝《じ》っと職を守ってその日の来るのを待った。

そして、明治二十一年一月一日、第一回の元寇紀念碑建設の檄文《げきぶん》を草して、時の内閣各大臣や全国の新聞社に送って同意を求め、その同志を募った。

この檄文によって最初は数十人の同志が集まったのであったが、いざ発表するということになると、後難をおそれ、みな連署することを拒んで、結局は湯地丈雄一人となってしまった。

丁度その頃、陸軍の参謀旅行演習があって、各師団の参謀長や青年参謀官が福岡県下に集まり、伏見・北白川両宮殿下も御参加あそばされたので、丈雄は福岡警察署の署長であったため、その警護の任にあたり、始終両殿下に御随行申し上げたのであった。

そして、その時の策戦計画が、あたかも外敵を仮想した内外交戦の演習だったので、丈雄は元寇当時を髣髴《ほうふつ》とさせ、その戦場を馳駆《ちく》しているような感懐が一層その血を湧《わ》かせ続けた。

この時、両殿下は丈雄が元寇紀念碑建設に力を尽くしていることを聞召《きこしめ》されて、その事業に御賛成の思召しを以て、辱《かたじけ》なくも若干の御下賜金を賜わせられた。

丈雄はますます深く感激して、如何《いか》なることがあろうとも身を挺《てい》して、国防精神の昂揚《こうよう》と紀念碑建設の事業を完遂《かんすい》しようと決心をあらたにした。

孫みやげ

明治二十三年三月二十二日、丈雄はいよいよ官職を辞して、裸一貫の素浪人となった。

こうして収入の途が絶たれれば、明日からその生活に支障を来たすことをよく承知していながらも、妻子はこれに一言の不満をも洩《も》らさず、心から丈雄の仕事を助けようとひそかに心をあたためあっていた。

心を知るものは何も言わない。無言のうちにも、お互いに千万言を費《つい》やして語り合う以上の言葉を感じ合って、交わしあう眼と眼の中に溢れ出る感激の涙が、しっかりと、永遠の愛に輝き満ちて、その苦難なる前途への固い誓いを物語っていた。

家庭にあっての丈雄は、良き夫であり、優しい父であった。

それだけにまた、おのれの信念を通すためにこれから先の長い年月を苦労しなければならない妻子のことがことのほか憐《あわ》れに思われた。

しかし、国家という大きな存在のために身を挺《てい》してゆくからは、そのようなことはあまりにも小さな犠牲《ぎせい》であると思った。これから先は、もっともっと大きな犠牲を払わなくてはならない時があるかも知れない。人生のうちで死以上のことはない。今ここで、一家全部が病いに死したと思えば、もう思い惑うことは何事もない。若し自分が六百年前にこの世に生を享けていて、彼の文永十一年の役に遭遇《そうぐう》しておったとしたら、彼のときの勇士たちと同じように、父母を捨て、妻子と別れて多々良浜の露と消えたであろう。それを思えば、この御世に生きながらえることだけでもどれだけ幸福であるかもしれない。まして、生きんがための妻子たちの今後の苦労などは実に人生の茶飯事《さはんじ》であると考えた。

妻子もまた、この夫を、この父を持ったということを一生の幸福と思えばこそ、決して不平も生まれなかったし、かえってその仕事に蔭ながらも力をいたそうと思っていたのである。

その夜は刺身などを取り寄せて、ささやかながらの祝宴をひらいた。

いよいよ近く、遊説《ゆうぜい》の旅に上るという、丈雄の前途を祝福し、その誓願成就を祈る、心からなる一夕の、別れを惜しむ妻子たちのこころづくしの小宴でもあった。

これに先だち、丈雄は全国の心ある人々を奮起させるため、またこの事業への協力をもとめるために、〝日本無双紀念碑咄《ばな》し〟「孫みやげ」という一巻の宣伝パンフレットを作って広く配布していた。

これを出版したのは、明治二十二年六月十五日である。

その緒言《しょげん》に、

此の編は俚耳《りじ》に入り易《やす》からん事を欲して作れるものなれば、敢《あ》えて具眼者《ぐげんしゃ》の覧《らん》を求むというにあらず。

此の外にも世間に知らせたき美談も続々集録中に之れ有る候間、尚《な》お之《これ》に同感なる詩歌文章に至るまで寄送あらば幸甚。

と記されてある通り、これは識者に読ませるためでなく、一般の民衆を対照として作ったものであるから、文学的な価値を論ずるものでなく、その当時の翁の仕事の一端をうかがい知るために、その全文をここに引用して置くことにする。

これには、各編ごとに明治時代の風俗をもった挿画《そうが》があり、その画の下に会話として宣伝文が綴《つづ》られたものである。

官員仲間の咄《はな》し

(甲) 元寇紀念碑はエライ人気になりましたナー

(乙) されば実に空前絶後の事でありますから、御承知の通り、この義捐沙汰《ぎえんざた》の多き中なれど、小官《わたくし》は疾《と》くに郵便為替で、応分の金円を福岡の十七銀行へ振り込みましたが、貴下《あなた》はまだですか、扨々《さてさて》御思案の深いこと、守銭奴《しゅせんど》といわれては民間有志に恥《は》じますヨ

(甲) 固《もと》より小官も御同感です、扨《さ》て思案《しあん》するに非ず同僚と申し合わせて、不日纏《ふじつまと》めて送

り升《ます》ヨ。

書生仲間の咄《はな》し

（A）オイ君元寇紀念碑は何《ど》うか

（B）君ァ知らんか、困るネー君ア無神経極まる。少しパトリオチック（愛国心）の人間になり給え、僕等ァ君、固《もと》より貧乏書生だから、大金を義捐《ぎえん》する訳には行《い》かんが、一片の精神止む能《あた》わず遂に同志を糾合《きゅうごう》して少々づつの出金をしたサ、郵便切手を代用で疾《と》くに福岡の建設事務所へ送ったぜ。処《ところ》がネー、僕等精神家の姓名は其頃の新聞紙上に赫灼《かくしゃく》たりサ、角力《すもう》社会でさえ義捐するではないか、君も牛肉を一晩止めて義捐すべしダ、又外国人も此の挙を賛成し続々出金するとは感心だよ、君、蒙古襲来絵詞《えことば》、蒙賊記《もうぞくき》、元寇紀略《きりゃく》、蛍《けい》縄抄《じょうしょう》、外交志稿抔《など》を一読し給え、日本国に生まれて黙って居られるものか、君、沖縄県の官民が対外の精神に富んだるを見給《みたま》え、建碑の義挙を聞くや否や直ちに協力して義捐金を送ったではないか。却《かえ》って近きに居る内地の人がぐずぐずして恥《は》じるよ、当時モンゴリヤン（蒙古）の忽必烈《フビライ》が世界を併呑《へいどん》せんと欲したる猛勢は、各国歴史にも見ゆるゼ、君もしっかりし給え、目今宇内《もくこんうだい》の形勢はどうだろう、学者も金持ちも共に同腹に成らなくては日本も危《あや》ういヨ。

老婆と孫との咄し

（婆）坊や此の日本という国はネ、神国というて宣《よ》い御国ダヨ、だから世界中の人が羨《うら》やみますヨ、六百年の往昔《むかし》、蒙古という大国の王様が、此の御国を奪い取ろうとして幾度も攻めて来たことがありますトカ、其の時はネ天子様もお武家方も百姓町人も日本国中、大騒ぎで、筑前の国博多という処の方角は、家も倉庫《くら》も皆《み》んな焼払われ、沢山の人が殺されるやら、捕らわれるやら、今少しのこと、御国が蒙古の属国になろうとしたので、勿体《もったい》なくも、亀山の上皇様が、御自身に神様へも仏様へも蒙古退治の御祈祷を遊ばすやら、日本国中は誰も彼も一生懸命に軍《いくさ》をなさった処に、俄《にわか》に颶風《おおかぜ》が吹《ふ》いて異人の艦が一晩の中《うち》に海の底へ沈んだから、運が強くて日本の勝利《かち》となりましたよ、その軍《いくさ》の有様は、これを御覧なさい描《えが》いてありますヨ、（蒙古襲来戦闘の状を描きたる国立銀行紙幣を孫の眼前に出せり、因《ちなみ》に云う、最初第一より第三十二に至る国立銀行の一円紙幣の発行高四百八十万〇九千二百〇八枚は皆な該戦闘の図なりト）能《よ》く目を覚まして御覧ヨ、日本の出来てから此《こ》のかた、こんなあぶない事はありませんヨ、だから御父さんや御兄さんや御姉さん方が日本国中の人と御相談なすって筑前の博多へ大きな紀念碑というものが建ちますから坊をつれて見に行きますョ、楽しんでおいでョ。

（坊）それでもお婆さん博多は遠いもの――。

（婆）ナーニそんな事云うと人が笑いますよ。

遠いというても今に鉄道が何処にも出来ます。又た蒸気船も通っておりますから、博多はおろか外国に行くにも、お隣りの様ですョ、おまえも早く大きくなって、御国の為に忠義をすれば、この通り日本国はおろか外国にも名が揚《あ》がり升《ます》ョ。

金満家同志の咄し

（甲）蒙古の紀念碑とかで、又た寄付の咄が始まりましたが、お互い様に少し顔がありますから幾許《いくら》か出しませんでは、

（乙）左様デス、併し今度の事は税金とも違いますから構わんでもいいようなものですけれども、子供等が学校で歴史の話を聴いて噪《さわ》ぎ立てるから是非とも寄付しなければ居られぬ様に成りました。毎度お勧《すす》めに預かる神社仏閣の建立とか、保存とかの沙汰とは比べの出来ないものと、思い当たって見ますると、誠に尤《もっと》も千万立派な企てでありますから私はツイ張り込む気に成りましたョ、処が、店の小僧までがこれを聞きつけ、我も我もと少々ずつ投げ出しましたから、是も一つに集めて寄付致しましたョ、商人仲間に憂国心の無き抔《など》と云われ度くありませぬ、お前さんも今度は後年まで子供に笑われぬ様に御気張《おきば》りな

さったが好《よう》ござりましょう、其《そ》の払い込み向きはネー、

福岡県福岡第十七国立銀行

同　筑紫銀行

東京府日本橋区小舟町第三国立銀行

同区　海運橋第一国立銀行

同区　駿河町三井銀行

京都府東洞院六角下ル商工銀行

同　新町通蛸薬師三井銀行支店

大阪府高麗橋三丁目第一国立銀行支店

同　西区土佐堀裏町第十七国立銀行

滋賀県長浜第廿一国立銀行

同　大津第六十四国立銀行

兵庫県神戸栄町五丁目第一国立銀行支店

長崎県長崎市東浜町第十八国立銀行

同　本下町古賀銀行支店

山口県赤間関市第百十国立銀行

福岡元寇紀念碑建設事務所、又、東京京都大阪の各出張所へ郵便振替で送ればようござりますヨ、鳥渡《ちょっと》此の領収証御覧下されませ、私の顔に碍《さわ》らぬ丈《だけ》は致しましたヨ、

(甲) 御話にて益々感服いたします。私も、東京大阪の支店、北海道出張員へも申し遣《つか》わし御同様に奮発致させましょう。

学校問答

(教師) 皆さん、我が国の歴史上に於いて国民挙《こぞ》って同一の感覚を与えますは何事ですか。

(生徒) 明治十年の西南の戦争であります。

(教師) ノーノー。

(生) 明治維新の戦争であります。

(教) ノー。

(生) 大阪陣であります。

(教) ノー、ノー。

(生) 川中島の合戦であります。

(教) ノー、外国関係の事を御案じなさい。

(生) 秀吉の朝鮮征伐であります。

(教) ノー。

(生) 蒙古襲来の事であります。

(教) 其の襲来に大功を奏したるは誰が力であります。

(生) 亀山上皇の身を以て国難に代らんと伊勢の大廟に祈り給いし畏き大御心と、鎌倉の執権北條時宗が英断果決の膽略《たんりゃく》でございます。

(教) 今日に至りどうしてこれを思い起こしました。

(生) 我が日本帝国憲法の万国に恥じぬように出来たるも畢竟《ひっきょう》彼の空前絶後の一大国難に当たり、君民一致、辛うじて勁敵《けいてき》を退《しりぞ》けし以来外敵のあなどりをうけず我が国威の赫々《かくかく》たりしに基づく事と稽《かんが》うれば誠に感慨に堪えません。昨日、先生の御講義中に皮の存せざる毛将《はた》安《いず》くに伝《つか》んと、古人の語を引いたお話も此の道理に適する事と存じます。則ち我が国の独立を全うしたればこそ此の憲法も立派に出来ました。又た今後国権も益々鞏固《きょうこ》に、且つ拡張し得る事と存じます。

(教) 若《も》し今日斯《かか》る国難の起こりしならば皆さんどうなさいます。

(生徒一同) 身を以て国に殉ずる覚悟であります。苟《いやしく》も歴史を読むからには、当時の事を面《ま》のあたり我が身に受けて考えなくてはなりますまい。左《さ》ればにや昨年新聞に見えました通り、筑前那珂郡井尻高等小学校生徒数百人が、歴史の講義を聴き感ずる所あり、各々其の父兄に請いて少しづつ銭を集めて元寇紀念碑建設費に義捐し、世人に感涙を流さしめたる美談も畢竟《ひっきょう》愛国心の致す所と存じます。

及ばずながら我々も国家の独立を計《はか》る一人なれば、予《まえもっ》てこの覚悟を致しおります。

（教）ヒャヒャ神功皇后の三韓征伐も秀吉の朝鮮征伐も、明治六年の征韓論も我が日本人に対外進取の気象ありしことは勿論であり升《ます》。併し、国民として第一国難の有りしことを忘れてはなりますまい。又た、今後何時にも箇様《かよう》の国難が起こるかも知れませんから、学問をするにも商法をするにも何をするにも軍事のあるべき考えを抱くのが緊要《きんよう》であります。

諸子は筑前那珂郡井尻校の生徒が唱えた軍歌を暗誦《あんしょう》し得ますか。

（生徒一同合唱する）

第一

天皇《すめら》みことの畏くも　知《しら》しめすてふ日本《ひのもと》に
無礼働く国あらば　一も二もなく征しなむ
無礼働く使者あらば　有無を云わせず斬り捨てむ
五十鈴《いすず》の川に澄《すむ》水と　均《ひと》しく清き国柄《くにがら》に

露のけがれも留《とど》めじと
太刀の光は夏寒く
秋の最中《さなか》の霜さえて

第二

正義を守る我が国は
四百餘州と云わばいえ
正義はずれし彼《か》の夷《えみし》
筑紫の海の波きわに
油断をなさず打《う》ち守《まも》る
冑《かぶと》の星のきらめきぬ
首《こうべ》を挙げて眺《なが》むれば

第三

いでや刀の切れ味を
木の葉の如き舟に乗り

国守《も》るをのこが身に持《もて》る
大和心を人問わば
水城《みずき》村外月玲々《れいれい》

天地に恥じる所なし
十万餘騎《よき》と云わばいえ
何の恐るる事やある
牡鹿《おじか》の角の束《つか》の間も
武士の鎧《よろい》に露おきて
太刀のこじりの輝きぬ
立花山頭月皚々《がいがい》

夷《えみし》が首に試みん
山なす波を押し切りて

寇船《こうせん》ちかく進みつつ
国の為とて丈夫《ますらお》が
群がる元の夷等を
立ちたるさまの勇ましさ
血汐の露に光りさし

檣《ほばしら》つてにのり移り
好みの大太刀振りかざし
斬りなびけつつ舷《ふなばた》に
鉾《ほこ》のほさきに結ばるる
奈多《なた》の浜辺に月朧々《ろうろう》

第四

嗚呼《ああ》天怒り海あれて
えみしが船ぞ覆《くつが》へる
其の上歩して渡るべし
鏡の如き海原に
其の場近くに漕《こ》ぎよせて
我が日の本の武夫《もののふ》が
心地もよげに打ち笑う
玄海洋上月湾湾《わんわん》

狂いさか巻く大浪に
浮かべるかばね十餘《よ》万《まん》
嵐退《しりぞ》き浪なぎて
磯の小船の楫《かじ》をとり
此の体《てい》たらく打ち見やり
天を仰ぎてからからと
時しも東の山いでて

第五

静かに思いめぐらせば　我が大君の此の御代は
昇る朝日の旌《はた》の手に　振るい起これり人心
獅子を印《しる》せる大旗や　鷲を画ける大旌の
寄せくることの有るならば　昇る朝日の旌の手に
群がり立《たち》て打ちはらい　昔の人に劣《おと》らじと
振るい起これよ人心　心の光り君見《み》ずや
博多の港空晴れて　紀念碑頭に月団団《だんだん》

このあとに、元寇紀略其の他の諸書より摘採《てきさい》して、その当時を想像するに便ならしめた蒙古襲来に関する記録が誌《しる》されている。

いま改めてこれを引用するのはどうかと考えないでもないが、詳細な当時の歴史を知るものは案外少ないのではないかとも思われるので敢《あ》えてここに記録することにした。

大日本、寛仁三年、第六十九代一條天皇の御代。宋は天僖三年、真宗帝。時に蒙古を一名刀伊国と称す。

その頃、蒙古の船五十余艘壱岐対馬を襲い筑前の海浜怡土志摩早良三郡の地に寇し掠奪《りゃくだつ》を
恣にし殺害又は捕わる者二千人余、太宰府の兵討って之を退く。
時の被害左の如し。
対馬（男女死者百三十四人。捕虜三百四十六人。牛馬掠奪百九十九頭）
壱岐（死者百四十八人。捕虜二百二十九人）
志摩郡（死者百十二人。捕虜四百三十五人。牛馬掠奪七十四頭）
早良郡（死者十九人。捕虜四十四人。牛馬掠奪六頭）
怡土郡（死者四十九人。捕虜二百十六人。牛馬掠奪三十三頭）
能古島（死者九人。掠奪牛馬六十八頭）
合計
男女死者　　四百七十一人
同　捕虜　　一千二百八十人
牛馬掠奪　　三百八十頭
大日本、文応元年、第九十一代亀山天皇の御代。（宋、理宗帝、景定元年）（蒙古、世宗、中統）
寛仁三年より文応元年に至る間は二百四十二年。

この年四月蒙古主忽必烈立つ、四方貢を致す千余国独日本之を通ぜず。蒙古主憤り高麗を介とし好みを我に通ぜんとす。是れより先、高麗蒙古の封冊を受け貢を修め東藩と称す。

僧日蓮　立正安国論一巻を鎌倉の前執権北條時頼に呈す。

弘長元年（宋、景定二年）（蒙古同二年）

北條時宗執権に任ず。日蓮を伊豆に流す。

弘長三年。

北條時頼卒。五月日蓮赦されて鎌倉に帰る。

文永元年（宋、同五年）（蒙古至元元年）

宋理宗帝崩ず。蒙古燕に都す。

文永三年。（宋、度宗帝、咸淳二年）（蒙古、同三年）

七月、惟康親王を征夷大将軍とす。年わずかに三歳。八月蒙古黒的を以て国信使とし殷弘を副使とす。十一月、黒的殷弘高麗に抵り命を高麗王稙に伝え宗君斐、金賛をして黒的等を導かしむ。

文永四年。

正月、黒的等巨済松辺浦に到り風涛の嶮を畏れて還る。八月、蒙古復た黒的等を高麗に遣り日本の事を委す。高麗王稙其の臣、潘阜に書を齎し我に使せしむ。

文永五年。

正月、潘阜筑前太宰府に来たり、蒙古及び高麗の書を奉る。府之を鎌倉に致す。二月、北條時宗、其の書を京師に進め浜海を戒厳す。三月、朝廷菅原長成に命じて答書を草し、之を鎌倉に下す。時宗不可を陳し抑て遣らず。潘阜報を得ずして還る。四月、宸筆宣命を伊勢大神宮に奉じ、又蒙古の事を七陵に告ぐ。蒙古、吾都止を高麗に遣り戦艦軍額を閲す。十一月、蒙古復た黒的等をして我に使いし高麗に命じて導かしむ。

文永六年。

三月、黒的等対馬に来る。土人拒む。黒的等忿闘島民二人を虜て還る。八月、高麗の使い太宰府に来たり、蒙古高麗の書を奉じ二人を還す、亦報せず。

文永七年。

十一月、将軍惟康従三位に叙し左中将に任ず。十二月、蒙古復た、日本に使いすべき者を撰む、趙良弼往かんと請う。其の老を憫みて許さず、良弼固く請う。乃ち秘書監を援け国信使に充て兵三千を従わしむ。良弼之を辞し独り書状官二十四人と発す。

文永八年。

九月、趙良弼、高麗の臣徐称、金貯を嚮導とし筑前今津に至る。太宰少弐経資往きて旨を問う。良弼向《さ》きに数々好《よし》みを通ぜしも答書なきを詰難已まず。経資書を求めしも自ら王所に献ぜんとて応答数回なるも終に与えず。其の写しを出して之を授く即ち之を鎌倉に送る。北條時宗、之を京師に奏す。書辞不遜なり亦た答えず。十二月良弼を対馬に送る。朝廷、蒙古の難を伊勢宗廟に告げ僧に命じ熾盛光の法を修め蒙古の難を弭ん事を祈る。

蒙古国号を改めて元と称す。

文永九年。

正月、趙良弼還って高麗に抵る。二月、高麗王禃書を我に寄せ元と通好の事を請不報。北條時宗将士に命じて肥前筑前の要処を警衛せしむ。四月、時宗藤原景泰をして鎮西将士の懈怠を閲せしむ。五月、高麗又た書を致し好みを元に通ぜんことを請う亦不報。

文永十年。

三月、趙良弼、復た太宰府に来たる。竟に京に入るを得ずして去る。元主大いに怒りて兵を挙げん事を詢る。良弼諫しも不聴元主襄陽の生券軍に諭して其の死罪を免じ日本の軍に従わしめ鎧伏を授く。時宗諸国の軍備を検す。

文永十一年。

正月帝位に即く御年八歳。元察忽を高麗に遣り、戦艦三百を造らしむ。三月、元忻都茶丘等に兵一万五千人戦艦九百艘に将とし七月を以て日本を征せん事を期す。元高麗に命じ日本を撃つの応援たらしむ。時宗益々筑紫の武備を厳にす。八月、元将忽敦、洪茶丘、劉復亭等高麗に抵る。十月元軍一万五千人、高麗軍八千人、戦艦九百余艘、壱岐、対馬を攻む、対馬守護代宗助国、壱岐守護代平景高皆な之に死す。賊甚だ猖獗、土民を逆殺す、助国の家士僅かに免れ博多に報ず。太宰府急を京師に告げ、九国の兵を徴発する十万二千。賊進んで肥前筑前に寇す。我が兵防戦甚だ力む。賊進んで今津、麁原、百道松原、赤坂に連戦又た進んで博多千代の松原に陣し、火を民舎に放ち筥崎の祠に延焼す。我が兵退いて水城を保つ日既に晩る。賊退いて船に帰る。此の夜大風雨賊船多く破る。全軍遁れ去る。我が軍之を追撃し残賊を獲えて悉く之を斬る。此の役、賊軍死亡凡そ一万三千五百余人。

十一月、捷を京師に奏す。朝廷幣を十六社に奉ず。文永の役即ち是れなり。

大日本、建治元年、第九十二代宇多天皇の御代。（宋、恭宗帝、徳祐元年）（蒙古（元）至元十二年）

二月、元主復た杜世忠。何文著、撒都魯丁をして書を齎らさしむ。四月、元使、長門室津に達す。之を筑前太宰府に移す。五月、時宗、長門、周防、安芸、備後に令して戮力防戦する事を警諭す。八月、太宰府杜世忠等を鎌倉に護送す。九月、時宗、杜世忠等五人を龍の口に斬り其の首を梟す。従是公私の費用を省し、勇士を簡選し鎮西に分遣し辺を戍す。十一月、始めて鎮西探題を置く。十二月、時宗、西海将士に明年春蒙古を征伐せん事を令し戦艦を修め水主を簡ましむ。

建治二年。（宋、瑞宗帝、景炎元年）
正月、朝廷、僧に命じて熾盛光の法を修め元寇を穰ふ。八月、時宗、南海、山陽の兵をして長門を戍らしむ。
建治三年。
正月、朝廷十二社祭儀を始め外寇を弭ん事を祈る。六月太宰府奏す。胡元益　猖獗趙宋殆亡ぶ。我が商船の彼に貿易する者逃げ帰る。
大日本、弘安元年。（宋、帝昺、祥興元年）
十一月元淮東宣尉司を揚州に立て阿剌罕を以て宣慰使とし沿海宮司に諭して我が邦の市舶を通ぜしむ。
弘安二年（宋亡ぶ）（元、至元十六年）
二月、元諸州に命じて戦艦六百艘を造る。六月、元使又た書を齎し来たり、之を博多に斬る。宋張世傑、部下将校元に降る。乃ち軍に従わしむ。七月、宋の降臣牒を我に奉じて曰く宋既に滅さる。日本危うからん故に告ぐと。元又た戦艦を造る。十月、時宗関東の士卒を発し鎮西の戍を益す。元人をして高麗に遣り、戦艦の督修せしむ。
弘安三年。
二月、元始めて我が杜世忠等を誅する聞き忻都洪茶丘ら兵を率い往かんと請う。元主姑く之を緩にす。五月、元又た戦艦三千艘を造る。范文虎を召し日本を撃つ事を議し、之に画策を授く。十月、時宗、西海道及び四国の兵を発し、博多に屯し、山陽山陰の兵、京師を衛護し、東山北陸二道の兵を敦賀に備う。諸軍大いに振う。

弘安四年。

正月、元兵十万を以て范文虎に付し之を江南軍とす。忻都洪水茶丘に命じ道を高麗に取り陸行す。之を東路軍とす。三月、忻都洪茶丘、先発し高麗に抵り、遂に合浦に赴く。五月廿一日、忻都洪茶丘等蒙麗漢の軍四万人、戦艦九百艘を以て対馬壱岐を犯す。島民を殺す三百余口、惨毒尤も甚だし、我が兵、壱岐瀬戸浦に防戦利あらず、時宗、秋田城次郎盛宗等をして衆師を将い来て軍事を督せしむ。凡そ九国南海の諸将皆来て太宰府に於いて会す。勢威甚だ厳。六月五日、筑前志賀島に戦い之を敗る。六日、復た戦い大いに之を敗る。賊進んで宗像の海に至る時に諸州人心、洶々、市に糶米なく民に菜色あり。流言をして曰く、賊長門を指し直ちに京師を犯すと。范文虎、亦た船三千五百艘、蛮軍十余万を以て至る。於是筑前海上舳艫相銜む。戦争数回、我が兵、勇闘しばしば之を敗る。賊乃移って筑前玄界（海）島に拠る。亀山上皇親ら石清水八幡祠に詣し精祷一夜又た宸筆宣命を伊勢宗廟に奉じ死を以て国難に代わらん事を祈り給う。僧日蓮大旗に大曼陀羅を書し鎌倉将軍に呈す。京師守護下野守宇都宮貞綱其の旗を携えて鎮西に下向す。閏七月朔、颶風大いに起こり海水簸揚、賊船皆な覆没破壊、溺死者算なく漂流死免るる者尚数千人、少弐景資之を掩撃す。降を乞う者千余人、悉く志賀島或いは那珂川に斬る。八月、范文虎等逃げ還り皆な譴責せらる。元主志を得ざるを憤り覆た阿答海に命じ兵を発せしむ。相威之を諫む。元主姑く其の役を罷む。時宗、宇都宮貞綱に命じ城塁を増築し志摩郡より宗像の浜に至る九国の将士をして更番に之を戍らしむ。

弘安五年。

三月、高麗印候をして合浦を戍らしめ以て我に備う。七月、高麗王暙使を元に遣り戦艦百五十艘を造り日本を撃を助けんと乞う。九月、元諸州に命じ大小船三千艘を造る。十一月、元主天下に令して謀叛大逆を除く外、凡そ死罪を犯す者は軍に充たしむ。北條時定鎮西奉行となる。僧日蓮没す。年六十一。元文天祥を殺す。

弘安六年。

正月、元復た兵を発せんとす。高麗をして糧二十万石を備え諸軍に命じ戦艦を造り、舟檝を習わしむ。四月、元軍事を計画す。崔或諫めて曰く、日本之役姑く止むべしと。元主不聴既にして内患頻りに発す。元主乃ち其の役を緩す。五月、時宗、北條兼時を播磨に遣り、外寇に備う。十月、時宗、鎮西探題實政を遷して長門の警固とす。十二月、元又た兵六千を以て東征に備う。是歳元主南海僧如智及び君王治をして書を齎らさしむ二人海に宿る。

八月、颶に遭い我に達するを得ずして還る。

弘安七年。

正月、元復た如智及び王積翁をして我れに使せしむ。舟中積翁を怨む者あり、共に謀り之を殺す、遂に至る事を果たさず。四月、北條時宗卒す。年三十四、其の子貞時執権となる。

弘安八年。

十月、惟康親王、北條時定をして鎮西将士を諭し、塁壁を堅し、守防を厳にし以て元寇に備え事故ありと雖も鎌倉に赴くことを許さず。元諸処漕船海船を拘集し水工を募る。又た使いを高麗に遣り、兵一万六百五十艘をして軍行を助けん事を命じ、明年三月を以て発し、八月合浦に会せんと期す。

弘安九年。

正月、元将に我を撃たんとす。劉宣切諫す。姑く兵を罷む。朝廷功を論じ賞を行う。北條貞時厳に将士に令して鎮西外寇の防御を警む。

弘安十年。

是歳、元主我を攻める事を哈剌䚟に問う、哈剌䚟対策甚悉す。元主喜んで官を授く。

正応元年、伏見天皇の御代。(元、至元二十五年)

二月、元復た兵を我に挙げんとす。高麗王賰を以て征東行尚書省左丞相とす。

正応二年。

元張守智、李天英を高麗に遣り軍糧を督せしむ。

正応四年。

民間流言す。元賊来たると。朝廷及び北條氏諸社寺をして祈祷せしむ。

正応五年。

九月、元洪君祥を高麗に遣り、我を撃つ事を詢る。高麗王踳、其の臣金有成、郭麟をして好みを我に通ぜしむ。

永仁元年。（元、至元三十年）

三月、元米十万石を高麗に運び復た我を犯さんとす。七月、朝廷伊勢宗廟に宸筆宣命を奉ず。八月、元洪波豆流、高麗に如き造船を管し、瞻思丁軍糧を官す。鎮西奉行北條時定卒す。北條兼時、時家を鎮西探題とす。北條貞時九国の将士に令し外禦の事一切二人の指揮に従わしむ。

永仁二年。

正月、元主忽必烈死す。孫鐵木耳嗣ぐ。洪君祥、丞相完澤と謀り我に寇する事を罷む。

永仁三年。（元、元貞元年）

是年鎮西探題北條兼時、時家鎌倉に還る。北條定宗を之に代える。八月定宗卒す。

永仁四年。

北條定時、復た北條實政を以て鎮西探題とす。

永仁五年。（元、大徳元年）

同六年。

正安元年。（元、大徳三年）

元補陀僧寧一山書を齎し来たる。一山、太宰府に至る。之を鎌倉に送る。北條貞時激怒し伊豆に竄し、拘管不報。

正安三年。

鎮西探題北條實政辭職、其の子政顕を鎮西奉行とす。十二月、元船一艘薩摩甑島に至り其の海に在る者二百艘許り、然れども竟に入寇せず。此れより後、復た辺陲の報なし。


寛仁三年より弘安四年に至る間、二百六十四年。

寛仁三年より明治二十二年に至る間、八百七十二年。

文永十一年より明治二十二年に至る間、六百十五年。

弘安四年より明治二十二年に至る間、六百六年。

附記（文永・弘安の両役における被害は甚大にして其の数不詳なりと。）

これが湯地丈雄摘採せるところの入寇記録である。

当時これを行うの熱意は、湯地にしてはじめてなし得るの感が深い。

つぎに、巻末におさめられている「蒙古襲来の歌」と「元寇紀念碑建設義捐金募集広告」も当時の湯地丈雄の面目を知る上から意義深いものであるから、ここに収録して置くことにした。

蒙古襲来の歌

今を去ることかぞうれば、六百年の其昔、弘安四年の頃とかや、元の世祖の配下にて、知勇兼備の范文虎《はんぶんこ》、これに従う兵士《つわもの》は、其勢凡《およ》そ十余万、我《わ》が神州に襲い来る、其の時鎌倉執権に、北條時宗ありときく、時は六月《むつき》の上旬《はじめ》にて、降りしく雨の絶え間なく、まだ五月雨《さみだれ》の霽《は》れやらぬ、筑紫の海の浪荒く、我に寇《あだ》なす戎夷艦《えみしぶね》、津々浦々に充満《みちみ》たり。皇国《みくに》を守衛《まも》る武士《もののふ》は、袖の港の海際《ぎわ》に、石塁《せきるい》高く築きあげ、東は筥崎多々良潟《たたらがた》、西は鳥飼《とりかい》、姪《めい》の浜《はま》、生《いき》の松原、今津《いまづ》まで、固《かた》く守衛《まも》れる武士《もののふ》は、太宰の少弐をはじめとし、大友菊池竹崎等《ら》、其の他の武将もあまたにて、甲《かぶと》の星を輝かし、鎧《よろい》の袖をつらねつつ、岸に樹《た》てたる其の旗は、あけの嵐に吹き靡《なび》き、雪か花かとあやしまる、刃《やいば》は野辺の穂薄《ほすすき》か、雲間に見ゆる稲妻か、四方《よも》に射《い》出《いだ》す矢さけびは、磯うつ波か松風か、吹き来る風は腥《なまぐさ》く、絶えるひまなき金鼓《つづみ》の音《ね》、雲霞《うんか》の如き大軍を、物ともせずに斬りまくり、波間をわけて進みゆく、進むに猛《たけ》き武士《もののふ》は、山とたちくる波とても、千尋《ちひろ》の底も淵とても、躊躇《ためらう》ことか何のその、倭魂《やまとだましい》あくまでも、我が日本の国体《くにがら》を、露だも汚《けが》すことなかれ、寇《あだ》なす戎夷《えみし》つきるまで、仮令《よしや》火の中水の底、何かいとわん大丈夫《ますらお》が、永き月日の責《せ》め守り、屍《かばね》は積みて岡を成し、血潮は流れて海を染め、死地に入るのも君のため、忠義のために死する身を、神霊《かみ》も憐れみ給いしか、俄《にわか》に颶風《おおかぜ》吹き起《た》って、天地轟《とどろ》く波音は、最《い》と凄《すさ》まじく聞こえける。まだ東雲《しののめ》のあけやらぬ、一夜《よ》の中に戎夷《えみし》等が、戦艦《たたかいぶね》は覆《くつがえ》り、底の水屑《みくず》と沈み果て、漸く命ながらえて、帰るはわずかに三人《みたり》のみ、心地よかりしことどもなり、我が日の本の国体《くにがら》は、故《ふる》き神代の頃よりも、神の皇国《みくに》ととなえきて、国の栄誉《ほまれ》は限りなく、千代に伝えて栄えなん。余此《われこ》の文《ふみ》を書き終わる、時しも春の夢枕、袖の港の吹きあれて、眠りを覚す波音の、いと勇《いさ》ましく聞こえける。

返し歌

寇船《あだぶね》を覆《かえ》しし風は武士《もののふ》の　猛き心のうちよりぞ吹く

元寇紀念碑建設義捐金募集広告（蒙古首切塚紀念碑改称）

我国古来外寇の事を温《おもん》ぬるに三尺の童子も蒙古襲来の当時を言わざるはなし、和漢年契を閲するに、弘安四年元大挙入寇撃鏖レ之ト彼至ル元十八年師殲レ于二大日本一とは則此役なり、其顛末に至ては載て彼我の歴史上に昭々たるを以て爰《ここ》に贅せず、而して其現場たるや筑前国那珂御笠糟屋怡土志摩早良等の数郡に跨り、博多湾の海浜に沿い当時の戦場と称するもの各所に散在し、残堡断塁猶お存すと雖も既に六百年有余の星霜を経桑滄も啻《ただ》ならず、好古有識の士にあらざるよりは之を問うもの稀なり、僅かに糟屋郡志賀島村海岸に蒙古首切塚と称するもの在るも一小丘に両三の松を存する而已にて土人の指点を求むるに非ざれば亦何物たるを知るに由なし、嗚呼空前絶後如此外寇の衝に方り勁敵《けいてき》を海隅に窮迫し将を屠り、士卒を鏖《みなごろ》し、彼の不世出の豪雄を以て宇内を睥睨したる元の世祖忽必烈をして肝胆を寒からしめ、日本の威烈を海の内外に輝したる名蹟を独り土人の口碑に委し之が紀念とすべき一片の石だも留めざるは豈遺憾ならずや、蓋し四海同仁均く是人也誰か其命を重んぜざらん唯国の為めに軽き而已誰か後昆なからん彼も亦哭して天涯を望み弔祭向う処を知らざるの憾なかる可けんや、予茲広く同感の士と謀り一大紀念碑を此地に建て、以て古英雄の偉勲を不朽旌表し魂魄も亦帰する処あらしめんと欲す、殊に其海岸たるや汽船出入の咽喉にして内外人過る毎に要地名称たるを称賛嘆美するの海門たるに於てをや、果てし此工成るの後一目瞭然見る者自ら我国権の貴重すべきを知り、且之を拡張するに鋭意なると同時に将来を警戒する其効豈少なからんや、江湖愛国の志士希くば幾分の資を投じ賛成助力あらん事を。

福岡県福岡市天福丁八十七番地
元寇紀念碑建設事務所
東京府麹町区上六番丁三十五番地
同　出張所
京都府知恩院門前袋町
同　出張所
大阪府西区土佐堀裏町八十番屋敷
同　出張所
兵庫県神戸市東川崎町
同　出張所
長崎県長崎市万屋町九十三番戸
同　出張所
広島県広島市京橋通鉄砲町神道分局内
同　出張所
同県同市塩屋町仏教講義所内
同　油屋町明教寺内

同　左官町妙頂寺内

同　白嶋万行寺内

同　各出張所

明治二十二年六月十五日

秋鴻春燕

丈雄はある日、福岡県知事の安場保和《やすばやすかず》を訪れた。まだ署長在職中の時であり、元寇紀念碑の檄文を全国に配布して間のない時であった。

安場県知事とは長い間の知己であり、この県に聘《へい》されて署長となってからは、特に親しい知遇を受けていたので、会話は制服を脱いだなごやかな空気の中で、溶《と》けるように交されていた。

「貴下《あなた》はこのたびの企《くわだ》てをどうお思いになりますか」

丈雄はいままで炭火に翳《かざ》していた両手を胸に組みながら、保和の顔を静かに凝視して言った。

「いよいよやりますか、君らしくて良い、君の人格にぴったりあてはまった仕事だ」

保和はいくたびも軽く頷《うなず》きながら、そう言って丈雄の顔をしげしげと見返した。

その心の底には、これから先、どんなにか多くの困難がこの男の上に襲いかかってくることであろう、それを克服も出来るであろうが、その蔭に泣かねばならぬのは妻子である、といって今更思いとどまる男ではない、――との心やりが溢《あふ》れているのであろう、瞳の色がかすかに薄く潤《うる》んでいるのが、丈雄の眼にもはっきり写って、思わず胸をしめつけられるような息苦しいものを感じた。

「私の命はこれを決意したその日から、祖国のために捧げました、……」

「……」

「私ばかりではなく、妻子ももろともにです」

「わかっている、わかっている」

保和は眼《まなこ》を伏せたまま、二度頷《うなず》いた。

そしてもう一度、深く頷くと、言葉を少し強めながら、

「湯地君、私も精一杯の尽力をさせて貰おう……」

と言って、分厚い右手を丈雄の胸へさし出した。

丈雄は少し驚いたような、そして歓喜に満ちた瞳を輝かせながら椅子から立ち上り、無言のまま己れの両手をさしのべて、その手をあたためるように固く握りしめ、手から手へ伝わってくる温情の血の微《かす》かな音色を、宝石よりも大切に、熱した脳裏の奥へ刻みこんでいた。

握手を解いて、また椅子へ腰を下すと、なぜか、丈雄は眼頭が濡《ぬ》れてくるのを覚えた。それは感傷ではない。我を理解してくれるものへの感謝と感激の心であった。こんな簡単な会話で、もう丈雄の心は達せられたのだ、それほど、保和は丈雄を、丈雄は保和を信じることが出来るのだった。窓の隙間から吹き入る如月の風は、二人の頬のほてりに程良い涼風の感覚だった。

「君が此の町へ来てくれてから、この町の民心を啓発するところは実に大きく、従って治安

も全く整い、お蔭で私の面目も立ち、心嬉しく思っておったところだが、それは小事だ、いま大事の前に立つ君に私は多くを望まないが、と言って、今すぐ適当な後任の人も見当らない、これはどうしたものだろうか」

今日訪れて来た丈雄の意中を見透かしている保和は、言葉を先にほぐして問いかけた。今まで言い出せない気持ちに詰っていた丈雄は、ほっと救われて、

「後任の定まるまで、私の職責は充分守ります、しかし、社会の誤解を招くようでも心苦しいから、なるべく早く辞したいつもりです。その点のことは貴下《あなた》に御一任しますから、適当の時期に、貴下から御返事をいただきましょう」

「解りました。そうして下さると私の方も助かります。何しろ君も知っての通り、当県にとっても、全九州のためにも、この時代の困難を是非切り抜けなければならんので、もう暫《しばら》くの辛抱をお願いする」

九州に於ける時代の困難事とは、九州鉄道敷設問題にまつわるいろいろの突発事件を指して言っているのであり、また、安場県知事をこれ程悩ませた問題は、多事多難なりし彼の生涯に於いてすら、初めてであったのである。保和にはそれが、後日、病いに倒れる原因ともなったのである。

しかし、丈雄はそれと知りながらも、その言葉には沈黙をもって答えた。それは保和の人格

と実力を信じていたからであった。

県庁を出ると、もう外は薄暗くなっていたが、丈雄の足は軽々しくはずんだ。その頭の中には、安場県知事の重厚な温顔と、理解ある言葉の節々が去来し続けた。

安場保和が積極的に後援してくれるということは、すなわち、福岡県全土が協力してくれることでもあるから、丈雄はこれをどのくらい嬉しく思ったかしれなかった。

福岡県書記官広橋伯爵が、元寇紀念碑建設事務委員長として、この仕事の最も中心的な、また煩雑《はんざつ》高度な役を引き受けてくれたのは、それから間もなくの、明治二十一年五月であった。

これは保和の蔭ながらの尽力によったことは言うまでもない。

この広橋伯爵が事務委員長に就任されたことによって、事業の重点を担う立派な大黒柱が立ったことになり、その輪廓《りんかく》と存在はいっそう明らかにされた。この意義はすこぶる大きなものであった。

これにますます力を得た丈雄は、この月のうちに、早速、日本に在留する各国の全公使、領事にあてて、外国に在る日本人のもとに、元寇紀念碑建設趣意書を伝達してくれるように依託した。

この依頼された趣意書を読んだ、時の豪州メルボルン名誉領事、エ・マークスは非常に感激して、各国領事に率先し、金五十ドルを寄贈してきた。これに刺激された各国人は、大なり小なりその赤誠に続いて寄付を願い出てきた。その金額は決して大なるものではなかったが、こうした有識者が、早くも、心からなる賛意を表してきたことは、暗夜に灯を拾った喜びにも勝るものがあった。

今、丈雄の眼前には、さっと一条の光芒《こうぼう》が煌《きら》めいて、この遠大な理想の前途を照らした。その途には険しい山もあり、岩を噛《か》む激流もあれば、人馬を遮《さえぎ》る断崖も雌伏しているのが見えた。しかし、それらはみな光りの中に横たわる障害である、暗夜に平原を行くを思えば、たとえその険峻は如何に重畳たるとも、これは白昼の登攀《とうはん》に等しいものである、今や、丈雄の胸中には、――行くべし、行き得べし――という自信が泉のように満々とみちあふれてきた。

そして十一月、この自信を光栄あらしめるもののように、東京から大隈伯爵や山田伯爵など、また関西では高島第四師団長、中井滋賀県知事、北垣京都府知事、建野大阪府知事などが正式に賛意を伝えてきた。丈雄は、最早一刻も足裏の地をあたためてはおられないほど、血の昂《たか》まりを感じた。

そしてその翌年から、いよいよ運動の実行にとりかかったのであった。

今の丈雄の心はただ、――斃《たお》れて後《のち》止《や》む――の一語に尽きていた。十年でも二十年でも、一生涯を賭して頑張る意欲に燃えていた。山をも崩して野となすの根気が漲《みなぎ》り溢《あふ》れていた。そして、それを実行してゆく逞《たくま》しい精神力の所有者でもあったのである。

——憂国之士少時《しばし》車を停《とど》めよ——

の十一文字を大書した大看板を立て、その側らに、

——文永十一年蒙古軍来襲我軍利アラズ、退イテ此地ヲ守ル——

としたためた額面を掲げて、行人の注意を喚びながら、筑前太宰府の付近、いわゆる水城《みずき》旧蹟にその第一声を挙げたのは、明治二十二年の・月であった。
そして一方では、毎月のように蒙古首切塚紀念碑広告を、全国の新聞に掲載して同志の糾合につとめていた。　注（初めは首切塚紀念碑建設としていた）

　そして一方では、蒙古襲来に因《ちな》んだ軍歌や唱歌を広く全国に募集し、同二十二年の六月には、前記の「孫みやげ」第一集を刊行して各界に配布し、これに列した発起人及び賛成員は六百数十名の多数で、そのうちには、九州の部に頭山満、東京では清浦奎吾、万里小路通房、横井時雄、大隈重信、井上馨、鳥尾小弥太、谷干城、楠正位、広島県では野津道貫、伍堂卓爾、長崎県には日下義雄など、各界の名士をはじめとして、みな錚々《そうそう》たる人たちばかりである。
　ことに、京都にては、久邇宮朝彦親王、東京にては、伏見宮貞愛親王、北白川宮能久親王、小松宮彰仁親王など、各宮殿下の特別御賛成があらせられたことは、誠に恐れ多くも畏き極み

にて、当時湯地丈雄の感激が如何に偉大であったかも、またひとしお深く察することが出来るのである。

このように、その第一段階に於いて、丈雄はまず精神的援助者を広く得ることが出来た。しかし、仕事はそれだけでは完成出来ない。丈雄の目的とするところは、元寇紀念碑を建てるというだけの事ではなく、何故に元寇紀念碑を建てるかという趣意主因を、全国民の赤心に訴え、国防観念を盛んにすることにあったのであるから、一人が五万十万の大金を献じてくれるよりも、一円ずつでも良い、何百万、何千万の人たちの赤誠を集め、名実ともに挙国一致の象徴として、これを完成させたかったのである。そこにこそ、真の丈雄の隠れたる辛酸がひそんでいたのでもあった。そのため、近所の主婦でも子供でも、顔を見るたび元寇の話を聞かせたので、近所の人たちはなるべく丈雄を避けて通るようにさえした。

それでも丈雄は平気で逢う人ごとにその話を説いた。そして、いつしか、丈雄の名は「元寇狂」という代名詞をもって呼ばれるようになった。丈雄はその名をかえって有難く聞いた。元寇狂と言われることを、名誉にさえ思ったのである。

人の思いも及ばぬ仕事を行うものは、そのはじめはみな、ばかと呼ばれ、狂人とも呼ばれるのが世の常であることを、丈雄はよく知っていた。ただ心にかかるのは、愛《いと》し子たちがそのために、どれだけ肩身の狭い思いをするであろうか、ということだったが、子は子ながらに父を理解し、暗い翳《かげ》などは微塵《みじん》もなかった。

その健気《けなげ》さが嬉しくて、折ふし丈雄はそっとその小さな頭を撫《な》でて、いとおしんだりした。

世の中に、富貴の人は貧しきものの数ほどもあるが、いざ人の世のために、その懐ろを開いて義捐しようとする人は少ない。

今、元寇狂を知らない人はないまでに、波打つ磯の苫家《とまや》にまでその名を博しながらも、進んでこれに物質的援助をなし、一寸の赤心を表そうという人は、実に微々たるものであった。それは結局、一般民衆はその意義を理解するものが少ないからだということがわかった。

ある日、丈雄は当県有数の実業家の一人である、高富重兵衛を訪問したことがあった。

この高富とは、職務上公席ではよく顔を合せることもあったが、制服を脱いで私的に面談するのは、今日が初めてであった。

丈雄は公私の別を非常に明瞭にして置かないと気がすまない、潔癖な性質をもっていたので、たとえそれが私の利益のための仕事ではなくとも、署長としての仕事と関係がない限りは、いつも官暇《かんか》を利用し、私服を着用して行くのが例であった。そのため、今日は白麻の絣にセルの袴をつけ、絽の羽織を着ていた。

厚い白壁の塀を巡らし、その中央に聳える茅葺き屋根の豪壮な門の傍らから、磯馴松《そなれまつ》のように道路の上に幹を流した松の色を見上げると、今更ながら、その邸宅の広大さに眼を瞠《みは》った。

すると、すぐその心に映ってくるのは、彼の傲慢《ごうまん》な酒気を帯びた高富の鼻頭であった。

管下五郡のうちで、その資産に於ては一、二を争う地位にある高富ではあるが、その人柄はどうしても丈雄の性格とは縁遠いものであった。もし私の用事であるなら、どのような不自由を忍んでも潜《くぐ》りたくはない門扉である。

しかし、最早《もはや》、私を滅した現在である。このような人こそ真っ先に説いて、国家意識の下に自己の生活を生きるよう導かねばならないと思ったのである。この堅城を抜くのは、まず正義の情熱であり、誠意の肉弾であると決心した。

丈雄は二匹の猛犬に気を配りながら、長い敷石を踏んで玄関に面会を求めた。

高富はそれでもみずから玄関に出て、如才なく世辞を言いながら、奥まった十二畳の応接間へ丈雄を招じ入れた。今までにない愛想の良い顔である。

丈雄はその表情からいろいろの心を直感したが、何くわぬ顔で羽根座布団の上に座った。

床の間からは贅沢《ぜいたく》な香の匂いがただよってきて、無骨な丈雄の顔をくすぐった。思わず鼻の下をむくむく動かしながら、その香炉の側らに眼をやると、みずみずしい生花《せいか》がまだ活けられたばかりの新鮮さで、この部屋の静謐《せいひつ》をくまどっていた。

「結構なお住居《すまい》ですなあ」

丈雄は誰に言うともなく、独り言のように周囲の家具や天井まで一回り見渡しながら呟《つぶや》いた。

「いやいや、さっぱり手入れが届きませんで、むさくるしい処ですが、まあよく御出下さいました。どうも先年コレラが流行して以来、いっそう暑さが加わりましたようですなあ。こんな日にわざわざ御越しを願わなくとも、ちょっとお使いを頂きますれば、私の方からお伺いいたしますものを。さあさあ、どうぞお楽になすって下さい、さあどうぞ、どうぞ」

高富は一膝のり出すようにして、ばたばたと忙しく団扇の風を送ってきた。

これは一筋縄の男ではないわい、——と思いながらも、丈雄は顔を優《やわ》らげていっそう居ずまいを正し、

「いや、そのような心遣いはかえってこちらが恐れ入ります。それよりも、私は率直な男ですから、お互いに胸襟を開いて、今日はゆっくりお話したいと思って参ったのですから、どうかひとつそのようにお願いしたいと思います」

雑談で時間を少しでも長く費やし、その間に酒肴を揃えて、この場を有形無実に納めようとする高富の下心を押さえて、一分の余裕も与えずに話をたたみこんでいこうとする丈雄の言葉は、その何処かに鋭い刃のような冷たさがあった。

「勿論、それはもう何時までも御ゆっくりとお話しを願いますれば、私の方こそ大喜びでございますよ。日は永いことでございますし、ちょうど話し相手がなくて退屈していたところでして、まあまあお楽にして、さあ、どうぞ羽織を脱いで寛《くつ》ろいで下さいませな」

と言いながら――ポンポン――と手を叩いて、次の居間へ首を伸ばしながら何かを合図した。

丈雄が何か言おうとするのと一緒に、急ぎ足に廊下を踏んできた女中が敷居の外で、淑やかに両手をついた。

「まだ参らんのか」

「はい、もうすぐでございます」

「早くせえ、早く。お客さまに失礼じゃないか」

「はい、……」

高富の少し怒気を含んだ太い声を白い襟あしに浴びながら、また女中は廊下を伝わって出て行った。

「いやどうも本当に申し訳ないです。家内がちょっと買物に出て留守なもんですから」

丈雄はそれには答えず、

「私が今日御邪魔に上った用向きの次第は、先日来御承知のことでございましょうな。だから改めてくどくどは言わん。そのことについて、貴殿《あなた》が親身に考えて下さったら、私にとってそれがなによりの待遇《もてなし》です。ものが呑み喰いしたければ、わざわざここまで来なくとも、途中でいくらでも飲食店もあり酒屋もあることじゃ。それを通り抜けてここまでやって来たのは、是非貴殿《あなた》の対社会的な位置と力を善用して頂きたいためなのです。高富さん、これは私個人のお願いではない、貴殿も九州男子の一人でしょう、その処を見込んでやって来た私の気持を買って下さい。如何です、先日御手元に届けました、あの元寇紀念碑建設についての御考えは」

「非常に結構な企てでございますなあ」

高富の団扇を動かす手が、心なしか少しその動作が緩慢《かんまん》になった。

丈雄は手にしている白扇を開こうともせず、言葉を続けた。

「それは勿論、誰しもこれを拒むことはないでしょう。しかし、これを心から協力し、支援して下さるや否やということを私は聞きたいのです。……いや、貴殿《あなた》のような地位あり名誉ある方には、是非、御協力がお願いしたいのです」

「と言っても、私如き者には何のお役にも立てませんですからなあ、むしろお邪魔になる位のものですよ」

「そのような事を言って、貴殿《あなた》のように、もし全国の皆様が協力を拒んだとしたら、この仕事はどうなると思いますか。国家は、国防はどうなってもよいというお考えですか」

「その国防という事が私には解《げ》せませんですなあ、何かそのようにせっぱつまった外敵でもおありなんですか、いまの日本に」

「高富さん、私は率直に言いますよ。眼を開いて下さい、その眼を。眼というものは心を以て観るものです。心眼ですな、心眼を開けば、いま日本がどのような対外的地位にあるかよくお解りの筈《はず》です。彼の朝鮮に於ける屈辱はどうです、日本は朝鮮の依頼を受けてその保護のためにに軍を用いたに過ぎないのに、故なくして支那兵の襲撃をうけ、武器なき居留民まで虐殺され、婦女子は汚辱を被り、多くの忠勇なる将士は無念の唇を嚙んで不法の弾丸に斃《たお》れたのに、その確たる証拠なしとして、一銭の賠償金すら取れなかったのではないですか。近くはかの長崎事件を御覧なさい、何故にかくも日本が侮辱され、それを黙って忍ばねばならぬのか、貴殿にも解らん筈はないでしょう。日本ばかりではない、世界のいずれの歴史を繙《ひもと》いても、力なき国は常に強力なる外敵の前に恐怖し、ひれ伏してきたではないですか。国家の生存と独立を守るのは、その国民の最大の義務である。今にして我々は奮起せざれば、必ず近き将来に於て、日本は史上にかつてない大国難に遭遇するであろう。転ばぬ先の杖、後悔は先には立たない。時は再びくるものではない。この時を逸することがあれば、我々の子孫は永久に我々の不明を呪《のろ》うであろう。私たちはこの祖先から受け継いだ清浄な祖国を、如何なることがあっても、外敵に汚させてはすまないのです。ここの処をよく考えて下さいよ、ね、高富さん。国家なくして巨万の富がどうなりますか、何事も、すべて国家があってのことです。ね、お互いに頑張りましょう、助け合って、手を握り合って、ね、お願いいたします」

　丈雄は血を吐くように熱した唇をようやく閉じて、静かに高富の顔を視つめたまま、そっと額の汗を手の甲で拭った。高富は短い煙管《きせる》で煙草をふかしながら、俯《うつむ》きがちに視線を畳へ落して、じっと無言のままである。

「高富さん、私は決して貴殿に寄付をしてくれの何をしろのと、言っているのではありませんよ。貴殿のような有力者に、まずこの仕事の意義を理解して置いて頂きたいのです。心から賛成して、しかる後に、貴殿の自発的なご協力をお願いしたいと思っているのです。心にもない寄付などは私の方から断る位です。この仕事には、絶対に不純な心を加味させたくないのです。全国同胞の赤誠の凝り固まったものとしたいのです。この辺の処を是非解って頂きたいのです」

「良く解りました。見上げた御計画ですなあ、……しかしなあ湯地さん、たとえ、私がそのご計画の意義あるところを解ったとしても、全国の人たちがみな解るかどうかは疑問ですなあ。これはお先走って偉そうな口説を述べたものが、その時の笑い者になるというのが落ちなんじゃないですか。私は先が思われましてねえ、……まあ何もありませんがさあ、どうぞ一つ召上って下さい」

さっき丈雄が話に熱中している時、そっと女中が置いていった料理の膳を引き寄せて、丈雄の前にすすめた。

丈雄はそれに見向きもせずに、

「日本人なら誰でも解《わか》る話です。解らないのは無理に歪曲《わいきょく》するからです。日本人の身体の中に流れている血はみんな同じです」

と一息に言ったが、その声は高い調子で震いをさえ帯びていた。

「見解の相違ですかな」

高富は平然と言い放って、まず己れから料理へ箸をつけ始めていた。その言葉こそ柔かであったが、その面構えは、あくまで、湯地の話など問題にしていないという風であった。丈雄は膝の上に握った両の拳の中へ、一杯の汗を溜めて歯を食いくいしばっていた。

――愚弄《ぐろう》するなッ――と怒鳴りつけてこの席を立ち上がりたく、腰の辺りがぴくぴく痙攣《けいれん》を起してくるようにも感じたが、それではならぬと心を落付けて、

「高富さん、何も言わずに、かの六百年前の蒙古襲来の惨害を回顧して下さい。我々の祖先が受けた屈辱を想起して下さい。貴殿の血潮も必ず沸き立つ筈《はず》です」

「そうですなあ、その時の被害は実に大きかったそうですね。しかし、六百年もの長い年月を過ぎたことは、どうも私たちの神経にはピンときませんね。第一、私は感傷的になるのが大嫌いでしてね、まだ夢を見て泣いたという経験が一度もないんですよ。これもやっぱり性質ですかなあ、困ったものですよ」

「私の問題ではない、国家の問題ですぞ」

「湯地さん、私はこの頃変なことを聞いたんですがねえ、あんたは少し休養された方がよい

んじゃないですか。私はそれを、……」

「黙れッ、貴様はそれでも日本人か、日本人の血が流れているのかッ――」

みなまで言わせず、丈雄は遂に怒鳴りつけてしまった。

丈雄が高富の家を出たのは午後六時頃であったが、夏の陽はまだじゅんじゅんと路上に照りつけていた。

汗をも拭わずに、早足でどんどん埃の中を歩いていると、身体じゅうが火のかたまりのように熱くなってきた。そうして歩いているうちに、高富の傲慢《ごうまん》無礼な態度に対する憤りは、いつかそれを憐む心と変っていった。

そして、一度でいけなければ二度、それでも解らなければ三度か四度、いくたびでも、彼が手をあげて協力してくるまで説得に努めようと思った。

そしてまた、丈雄の思考の中へ浮んできたのは、三日後に迫った元寇紀念会のことであった。

三日後、すなわち八月一日は、千代松原に於て、安場県知事以下多数名士の出駕のもとに、元寇紀念会を挙行することになっているのであった。

この紀念会は県の名のもとに挙行されたので、丈雄は署長の制服で出席した。

紅白の幔幕《まんまく》は松風に鳴り、潮風にはためきたって、かの日かの秋《とき》を想《おも》いしのびて集るは数百名、元寇の歌や蒙古襲来の歌を唱和し、安場知事から、今日此の会を催すに至ったまでの経過を述べる挨拶があってから、丈雄は熱涙をふるって一時間にわたる演説を行い、元寇紀念碑建設に関する所懐を述べた。

そして明年、すなわち明治二十三年四月二日を期して、建碑起工式を行うことに予定し、満場の人々は拍子をもってこれに賛成した。

丈雄はこの日の成果を非常に喜びながらも、その心の蔭では、高富の如き人々がまだ沢山在ることをひそかに憂《うれ》いていた。そのために、暇さえあれば県内を巡って演説を試み、また、他の県にまでもその足を進めた。

丈雄は演説というものがあまり上手でなかった、口下手なのである、玉を転がすように弁舌が流麗でなかったのであるが、その言葉は国を憶う精神に漲っていたので、舌端《ぜったん》からは火を吹くかと思われるほど熱情がこもっていた。

そして、五分刈りの大きな頭と平原的な顔面の半ばを埋めている針のような髯《ひげ》は、その頑丈な風采《ふうさい》と相まって、子供も泣き止むかと思われる容貌を呈していた。それであって、丈雄に最も親しみなついているのは、子供であり、女学生であり、軍人であった。

児女老若の前に、諄々《じゅんじゅん》として元寇の役を語るよりも、剣を横たえて官署の椅子に寄りかかっている警部としての方が、遥かに似合う顔であったが、子供や軍人に特に親しまれたという事は、その精神《こころ》が如何に清純であったかを物語るものである。

丈雄が熊本に巡遊して帰る時、そこの小学校生徒の一団が熊本駅のプラットホームまで送って来たことがあった。その時、丈雄が車窓から顔を出して、整列している児童の一人一人に、親しい別れの言葉を交していると、そのうちの一人が、

「今日はお祭りとお葬式が一緒に来たようで、嬉しかったと思う間もなく、また悲しくなってしまった」

と目をしばたたいて、そこに居合わした見送りの人々を粛然とさせたという。

その時、丈雄はひとしお深く感激して、

われ死なばのりとあげるな経読むな　まなぶ童《わらべ》の歌で送れよ

と一首の歌を吟じたということである。

こうして、半面、多忙な官職にありながらも、赤心をもってする護国の絶叫は、囂々《ごうごう》たる衆論を排して、同二十二年の末には、すでに、その建設の地域を筑前千代松原に選定し、安場県知事の出願により、同二十三年一月、内務省の認可を得るところとなり、この松原の公園のうち、一万坪をその建設敷地として確定することが出来た。

そして同年三月、ついに、官職を辞し一介の浪人となって身を国事に献げ、日本の歴史をあ

たため、将来の国威を栄光あらしめるべく、――われ死すとも休せず――の意気をもって、いよいよ事業の推進に挺身したのであった。

そして四月二日には、予定通りに建碑起工式とその地鎮祭を行った。

この日参列したものは二万余人で、そのうち、福岡県師範学校、中学校、小学校生徒及び熊本県の学校生徒二千四百余人は武装してこの歴史を活かす日に参加した。そのため、この指揮官として、福岡歩兵第二十四連隊長佐藤陸軍大佐（日清の役に鬼大佐とうたわれ奮戦重傷を受けて退役する後の陸軍少将佐藤正閣下である）が指揮刀をふるって、ひとしお光彩を添えた。

こうして、元寇紀念碑建設の地鎮祭もすんだので、いよいよ丈雄はその責任の重大さを痛感するとともに、これは如何なる困難を打ち破っても完遂せねばならないが、まずそれに先だつものはその費用である、日本一の一大紀念碑を建設する費用は生《なま》やさしいものではない。高富の如く世に富者は多くとも、そのような人は殆《ほとん》ど耳を傾けてはくれない。また、心ある精神的援助者の多くは、貧しく物質的には非力である。よし、富豪は耳を覆い、巨商は顔をそむくとも、我れには正義の味方がある、全国くまぐまを巡歴して、その熱誠を披瀝《ひれき》するならば、そこには必ず純潔誠意の人々があって、零砕《れいさい》の資に護国の精神をこめ、この事業を援《たす》けんと喜捨《きしゃ》するものも少なくないであろう。かくして得たる資金をもって、この建碑の業を全うするならば、豊碑の光輝はいっそうその輝きを増すことであろう。これはどうしても一刻も早く全国遊説の途にのぼって、国民の赤心を集積させねばならない、と思った。
そこで、

さもあらばあれ　狂と呼び又た賊と呼ぶを
秋鴻春燕　負帰するのとき
血中熱有り　未だ灰となるを得ず
向《まさ》に雲山氷海の涯に還《かえ》らん

の一詩を詠んで、同二十三年の秋、遥々巡歴遊説の草鞋《ぞうり》をはいたのであった。

玉のみこえのかかる嬉しさ

昔、高山彦九郎は、尊皇愛国の至誠が時の九重雲深きあたりへ達して、畏き御諚《ごじょう》を賜った時、

我をわれと知ろしめすかやすめろぎの　玉のみこえのかかる嬉しさ

と詠じてその無量の感激をあらわしたというが、丈雄が元寇紀念碑建設に対して、御内帑金《ごないどきん》を御下し賜ったことを聴いた時の喜びも、おそらくこれに勝るものがあったであろう。すなわち、毎レ経二一難一《いちなんをふるごとに》一倍来《いちばいしきたる》、という元気も、この喜びの泉からこそ湧きいでたものであろう。

明治二十三年一月、内務省の認可を得て建碑敷地が確定すると、まず人心を安らわすために、さっそく石材の運搬を始め、自分もまた、印半纏《しるしばんてん》に紺の股引をはいてこの運搬の仕事にたずさわった。

人夫たちが、先生は監督だけしていてくだされば結構ですよと言うと、この事業は俺《わし》が率先して始めた仕事だ。その自分がこの仕事初めの意義深い今日の石材運搬を、懐手《ふところで》して傍観《ぼうかん》するという法はない、と言って、むこう鉢巻で真先に石材を載せた畚《もっこ》の片棒をかついだのであった。

その逞《たくま》しい気迫に圧倒されて、それからは誰とて何も言わなかったが、湯地先生に負けては人夫の恥だとひそかに決しあって、大いに意気を増し、能率も倍加したということである。この石材は、当時の外防に縁故《えんこ》の深い福岡城砦《じょうさい》の一隅、旧薬院門の石材を壊して用いたものである。

こうして、みずからその仕事を行う時、その業《わざ》が如何におのれに過重な労苦であっても、丈雄はこれを天業として、歓喜をもってその仕事に従った。

この石材運搬の時に慨然として詠んだ左の一絶によってもそれを知ることが出来る。

石を天に朝《ちょう》して　後予《われ》土に帰らん
石未だ天に朝さざれば　予《われ》留る可《べ》し
此の石 何の縁によってか　予《われ》に重からしむ
好し此の石のおかるるところ　是《こ》れ皇州《こうしゅう》

丈雄の詩は、決してこれを名吟ということは出来ないかもしれない。しかし、ここに溢《あふ》れる精神の高さには、その巧拙《こうせつ》を問わせないだけの迫力がある。丈雄が詩作を試みた日は少なかったのである。詩人として自分を高めようと考えることもなかった。ただ湧きいずる感興を、そのままの直情で詠《うた》ったに過ぎない。しかし、そこに漲る直情こそ、誰しもが無条件で抱きしめることの出来る紅《くれな》いの花束でもあったのである。

この花束はやがて、幾千幾万人の人々のこうべに気高い香りをはなち、その花香に酔わせた。このこころの花は、同年四月二日の起工式の際にも、これをみずから土器に題して、当日の来賓全部にわかたれたのであった。

この一絶こそ、遠大なる理想の第一歩を象徴した日の心からの声で、丈雄の面目躍如たるばかりでなく、士風のようやく頽廃《たいはい》せんとした当時の人々にこれを吟ぜしめ、起《た》って剣舞させるに充分な、済世の価値あるものであった。

畢生《ひっせい》の事業　豈《あ》に方《まさ》に無からんや
一歩本《もと》より期《き》す　千里の望み
請《こ》う見よ　豊碑　大成の後は
士《し》を教うるの器となりて　瑤光《ようこう》を発せん

ちょうどその頃、畏れ多くも、明治天皇陛下におかせられては、佐世保の軍港に行幸遊ばされていたので、丈雄はその行在所に伺候《しこう》し、その供奉官《ぐぶかん》のかたがたに建碑の趣意書と創業以来の経歴をしたためたものを配布し、陛下に対し奉りては、元寇の歴史に関する長篇の詩二篇を奉り、天機を御伺い申し上げた。
丈雄は後日、この詩に対し、かたじけなくも乙夜の覧を賜りしことを洩《も》れ承《たまわ》り、その皇恩のかたじけなさに地にひれ伏して感泣した。

維《こ》れ明治二十三年の春
海陸の演武　戦略もよおさる
大元帥は是れ聖天子
櫛風沐雨、幾辛酸ぞや
砲火剣光は海岳《かいがく》に連《つら》なり
龍争虎闘《りゅうそうこ とう》、夜還《ま》た晨《あした》
演畢《おわ》る四月第二日
金鯱城下　凱歌頻《しき》りなり
鎮西　亦た事を記すべきものあり
伏敵の碑　工を起すや新《あらた》
期せずして其の日と日を同じくす
畢竟《ひっきょう》は、護国の一精神なり

御艦 更に又た
呉、佐世保、両要津《ようしん》に幸《みゆき》したまう所有りて
歓呼の群集 幾千万をかぞう
渾《すべ》て是れ 至誠の良臣民
天顔を仰ぎ　万歳を祝《ことほ》がんと欲して
烈風震雷の辰《しん》を厭《いと》わず

これがそのときに奉《たてまつ》った詩の一篇である。

丈雄はこの詩によって、その志の一片を述べたのであった。

そして、地方巡回の旅装を整えるに先だち、講演だけでは何か実感がとぼしく、人々の心に直接感銘を与えることが薄いと考えたので、元寇の歴史を盛った幻灯写真を発案して、それを携帯し、当時を髣髴《ほうふつ》させながら、護国精神を鼓吹《こすい》することにした。

また、伊勢の大廟《たいびょう》には、つねに憂国の士の参詣がひきもきらさずあることを思い、この地に元寇の歴史画を掲げて、行人の覧に供する必要を感じ、縦四尺巾五尺の油絵を描かせて、はるばる伊勢の山田町に運び、その路の傍らに一棟の画屋を新築してこれを公衆に展示し、そこに週日とどまってその意義を講明し、終ってから、この油絵は学習院に寄付した。

そして五月には、東京、大阪、京都などを巡って、創始以来の事務所に現われ、その事務のありさまを検《しら》べたり、今後のことなどもこまごまと打合せをして、不用の所は之を廃し、実際の仕事に適するようにその整理と監督を行った。

こうして巡回する間にも、つねに元寇の幻灯を携《たずさ》えて、その道筋を講演した。

やがてその幻灯は、九州は勿論、四国、中国、東海道、北陸、奥羽、北海道は上川《かみかわ》まで、丈雄の巡歴とともに貴重な役割を果たしたのである。

至誠は必ず天に通ずという。あらゆるものを棄てて、豊碑建設に狂奔《きょうほん》する丈雄の真情にも、ここに花開く二つの喜びがもたらされたのであった。

その一つは、丈雄が一生の心血を注いで描きなしたところの元寇反撃の幻灯が、明治二十三年十二月十五日、かたじけなくも学習院に於て、皇太子殿下（後の大正天皇）の御上覧を賜わったことである。

このときの感激を、翁はその「還暦紀念手録」の中で、

十二月十五日
皇太子殿下学習院に臨御、元寇反撃の幻灯説明を聞召《きこしめ》さる、無上の光栄を蒙《こう》むる。

と記録されている。

こうして、自己の至誠をこめたものが、かくも高貴の御目に映ずるに至ったということは、

申すも畏れ多きことであって、丈雄一生涯の面目として感涙とともに、深く深く、銘肝《めいかん》したことは当然であろう。

しかも、この感激を更に深める御達しがあった。

その二日の後、すなわち、同年十二月十七日、畏くも御内帑金《ごないどきん》一千円也を建碑事業助成の思《おぼ》召《しめ》しに依って、福岡県に御下賜あらせられたのである。

それについて、「還暦紀念手録」には、次のように記録されている。

十二月十七日　福岡県に左の恩賜あり
今般有志之者共其県下に於て元寇紀念碑建設之趣被　聞食金千円下賜候事
明治二十三年十二月十七日
宮内省

丈雄の感激ここにきわまり、全身火となる思いであった。

この感激を述懐したのが左の一詩である。

しのばずや千秋　忠烈の魂
招かんとして幾歳、席温《あたたま》り難《がた》し

宮中　特に千金を賜う有り
感泣す　皇天皇土の恩

皇太子殿下の御前に於て、丈雄が元寇の歴史画を展べ奉ったのは、その後、明治二十四年八月二十四日、伊勢二見ヶ浦の御旅館にて一回、及び明治三十二年十一月十二日、播州舞子なる有栖川宮御別邸にて一回と、都合三回である。

このように、三回までも、皇太子殿下の御上覧を賜わったということは全くためしなきことで、畢竟《ひっきょう》、丈雄の熱誠が高きに貫徹し、すなわち、至誠天に通じた結果にほかならないものと、考えられるのである。

憶うに、殿下におかせられても、畏《かしこ》きことながら、この丈雄の精神と、その素朴なる風貌とを、必ずや永遠《とわ》に御心のうちにとどめさせ給うたことと拝察せらるる。

さらに、明治三十五年三月十日、富美宮《ふみのみや》、泰宮《やすのみや》の両内親王殿下におかせられても、丈雄を鎌倉の御用邸に御召《おぼしめ》しあそばされ、元寇の歴史書を御上覧なされ給うたのであった。

このようなことは、けだし異例のことともいうべきもので、丈雄の生涯に限りなき光栄をそえたものである。

丈雄はその元寇紀念の始終を、明治二十三年十二月十五日、学習院に於て、皇太子殿下の御上覧に供え奉ってこのかた、この鎌倉御用邸に於て賜わりし御上覧までを、一生の光栄として深く心肝に刻み、終生皇恩の優渥《ゆうあく》さを忘れることがなかった。

この丈雄の至誠が、畏きあたりに達したことは、御内帑金《ごないどきん》の御下賜によっても明らかであるが、蒙古襲来のおり奮戦力闘して最後まで皇土を死守した、宗助国、平景隆等に対して、明治二十九年十一月二日、それぞれ贈位の御沙汰を賜わったことによって、いっそうその至誠感応の結果は、想察せられるのである。

天長之節　相《あい》歌うて祝《ことほ》ぎ奉れば
全国今朝　喜色多《しげ》し
更に聴くならく　聖恩枯骨を潤したまうと
野人　ただただ涙滂沱《ぼうだ》たる有り

けだし、草莽《そうもう》の一微臣であって、その至誠の程がかくも畏きあたりに達したものは、恐らく湯地丈雄を外にして、その類例、はなはだ稀というべきであろう。

明治二十四年四月二日、丈雄は、名古屋第三師団長黒川陸軍中将、第五旅団長乃木陸軍少将（後の大将）の賛助によって、元寇歴史の幻灯をその師団や旅団に映写しながら、講演をしたことがあったが、この日を機に、聴衆百万人を得ん――という熱願をたて、この講演をもってその雄図の首途《しゅと》としたのであった。

この日から数えて十数年、祖国の土のあるかぎり、山を越え川を渡って如何なる辺土の涯々までも、あまたの美談や逸話を残しながら、行脚《あんぎゃ》に行脚をかさね続けたというのは、この、聴衆百万人に達するまで、わが信念を説かずば止まじとする念願と、豊碑完遂のためであった。

またその頃、奇しくも丈雄と同じように、日蓮大銅像を建設しようとする念願をもって、各地を行脚している一人の旅僧があった。それは日蓮宗の僧侶佐野前励《さのぜんれい》である。

明治二十一年の十一月、あたかも博多地方を巡錫《じゅんしゃく》中であった僧前励は、豊碑建設の志を聞いて心に深く期するところあり、さっそく丈雄を訪れて来た。そして、

「元寇の難を予言して、これを払わんために念力をつくしたのは高祖日蓮大師で、その愛国の大勇猛心は、今日に至るまで門末信徒の忘るべからざるものであるから、貴殿のこの挙には我れもまた是非とも一臂《いっぴ》を添えなくてはならぬ」

と熱誠を面《おもて》に表わして語った。

その頃は、丈雄の方の仕事も、まだ全然進捗《しんちょく》していない時だったので、その力強い一言には、非常に力を得るところがあった。

この日から、前励はその説法のたびに元寇の国難史を説き、丈雄の建碑事業に蔭ながらの力

を添え、それと同時に、その元寇紀念碑とならべて日蓮上人の銅像を建立すべく、九州は勿論、全日本の信者に呼びかけるため、いよいよ地方巡歴に寧日《ねいじつ》なかったのであった。

この日蓮の銅像建立は、その信徒の全面的な後援を得て、明治三十二年には、早くもその鋳造の模型が出来上がった。

当時湯地丈雄は、

本《もと》　是れ金剛鉄石の　腸《はらわた》
献身、経世の徳、殊のほか香ばし
仰ぎ見れば　銅像雲表に聳《そび》え
尚お持す　当年安国の　章《ふみずき》

安国　帰来して六百年
大銅像起《た》ちしは　亦《ま》た因縁なり
豈《あ》に唯《た》だ千代松原の裏《うち》のみならんや
妙法の声は　万里の天に高し

という二絶句を作ってその喜びを述べたのである。

この後、計画はますます進んで、遂に明治三十七年、護国の大豊碑と並び、この傑僧の大銅像も千代松原に建設され、千古の偉観《いかん》として国民敬仰《けいぎょう》のまととなり、白雲の下に聳《そび》え立つに至ったのである。

この佐野前励と会した明治二十一年は、丈雄が全国に豊碑建設の檄文《げきぶん》を飛ばした年でもあっただけに、その懇情は終生忘れることが出来なかった。

この丈雄の脳裏に、もう一人、忘れることが出来ない人物の面影が宿っていた。そしてその横顔は、何時も丈雄を力づけ、励ましてくれるのであった。

それは時の文部大臣、子爵井上毅その人である。井上子爵は丈雄と同じく熊本出身で、その碩学《せきがく》と徳望とは、歴代文部大臣中の一異彩であった。丈雄は子爵とは単に同郷というだけでなく、その主唱するところの愛国精神の一致という点からしても、つとに、深く交際をしていたのである。

しかし、丈雄がこの元寇紀念碑建設のことを唱《とな》えると、子爵はその至難なることを予見し、殆《ほとん》ど不可能事であると信じたので、黙過《もくか》するに忍びず、明治二十三年、文部大臣の要職にある時、丈雄を招いて、これを思いとどまるよう切々と諭《さと》した。

その時、丈雄は断乎《だんこ》としてこれを容《い》れず、子爵もまたあくまでその無謀を説いてやまず、

「到底《とうてい》見込みのないことに骨を折るよりも、なお他に国家有用のことがあろう、もし君の挙が成功したなら、この井上の首をさしあげてもよい」

とまで極言したが、丈雄の志は依然、いささかも撓《たわ》むところが見えなかった。そして、

「いや決して中止せぬ、成敗は天にあり、湯地はただ斃《たお》れて後止《のちや》むの決心をもって、この事業に奮励する」

と、この達識先見の明をもって知られた井上子爵の言にも耳をかさず、いよいよ一倍の勇気と熱心を加えて東奔西走したのであった。

その後、明治三十七年に元寇紀念碑が見事に竣工した時、翁は既往のことどもを追憶して万感に堪えなかった。中でも、わけて、胸裏にひしひしと湧きくる面影は、その時すでに故人となっていた朋友井上子爵のことであった。

もし存命であったなら、ああまでおのれの一身を想ってくれた子爵のことであるから、この成功を知ったら、どんなに喜んでくれるかしれない、必ず人一倍に満悦してくれたであろう。自分が今成功したのも、結局、あの時の子爵の言葉が、不断に鞭《むち》のごとく耳底《じてい》につきまとって、奮進せしめてくれたからにほかならない。そう思うと矢や楯も堪《たま》らず、丈雄は早速に子爵の未亡人を尋ねて、子爵の霊前にぬかづき、さながら生ける人にもの言うごとく、こまごまと事業の顛末《てんまつ》をものがたり、その大願成就を告げたのであった。

丈夫《ますらお》涙有り家郷の信《おとずれ》

さもあらばあれ狂と呼び又《ま》た賊と呼ぶを
秋鴻春燕　負帰《ふき》するのとき
血中熱あり　未だ灰となるを得ず
向《まさ》に雲山氷海の　涯《みぎわ》に還《かえ》らん

と、明治二十三年の秋、地方巡歴を思い立ってからは、わが家というものを寸時も顧慮《こりょ》するいとまなく、護国の二字に凝《こ》り固まった頭脳は憑《つ》かれたようになって、そのためにのみ自分の生き甲斐を知り、そのためにのみ口を開き眼をまばたき、手も足もこれがためにのみ動作していたのである。

昔、支那の聖人である禹《う》という人は、洪水の氾濫《はんらん》を防ごうと努め、三たび家門をよぎりながらも一度だに我が家へ入らなかったというが、当年の丈雄もまた禹そのままの姿であった。

折りあらば人を訪い、折りあらば人を集めて、滔々《とうとう》と迸《ほとばし》り出る炎《ほのお》のような舌端を渦まかせていたのであった。

丈雄がそのように、出でては家を顧《かえり》みるいとまとてもなかったので、当然、家人の生活は日ましに困窮をたどるばかりであった。それでも賢夫人の名が高かった登和子夫人は、長男の敬吾を相手に細かな内職をして、その日その日の飢渇《きかつ》をしのいでいた。

丈雄はそれを知りながらも、薄暗い旅宿の片隅で、一箋の便りをする以上のことは出来なかった。だからといって、決して妻子を愛しておらぬというのではない。むしろ丈雄の豊かな情熱は、人一倍妻子を憶い、家庭を愛していたのであるが、その愛を満足さすことの容易さを捨てて、至難なる事業の完遂に全身全挺することを、男子の本懐と思っていたのであった。

明治二十四年、丈雄が北遊の途次《とじ》、仙台にあった時である。

筑前に留守を守っていた妻子は、その頃すでに着手されていた紀念碑建設敷地の千代の松原に赴いて、親子ともども石材の運搬を手伝っているという報せを聞いた。

ああ、己れが熱血をそそぎつくしているこの建碑事業に、その生活苦をも忘れ、ふるれば折れるようなその細腕をふるって、かの大石を運んでいてくれるのかと思うと、さすがに骨肉の情に胸をふさがれ、しばし、その手紙を握ったまま故郷の山河に向って両手を組み、男泣きに泣いたのであった。

吾妻路のわれを待つ身はつくし潟　千代松原に小石つみしか

これはその時の丈雄が切々たる心懐を詠じて故郷の妻に寄せた一首である。人はこの歌をあるいは拙《つた》なしというかもしれぬ。しかし、これを三たび、四たび反誦《はんしょう》しながら登和子夫人の胸中を憶うと、徳富淇水が左の一詩を賦して異郷の空にある丈雄を慰めようとしたのも、けだし偶然ではなかったと思える。

世途を超脱する　人鬼の関
丹心　国を許《はか》って艱難《かんなん》を渉《わた》る
丈夫　涙有り　家郷の信《おとずれ》
思い起す過門　三たびの往還《おうかん》

丈雄は二年も三年も旅にあって、久しぶりにわが家へ帰っても一言も家事を語ったことがなかった。また登和子もそれで満足して、旅の疲れを慰めこそすれ、一言の不平すら洩《も》らしたことはなく、かえって心から夫を信頼し、その事業に、ひたすら内助の誠を捧げ尽したのである。
この夫人があったればこそ、丈雄は愛児を残して十数年もの長い間、諸国を遊説して歩くことが出来たのである。その試練の鞭《むち》は、どんなに激しいものであったかもしれない。だが、そのことによって、丈雄はいっそう勇往邁進《ゆうおうまいしん》の気魄《きはく》を養うことが出来たのである。

丈雄はその満腔の熱誠を公衆に披瀝するに当って、ただ徹頭徹尾真面目でばかりは通さなかった。時には奇警《きけい》な一喝をくだすこともあったし、あるいは洒脱な諧謔《かいぎゃく》をもちいて、縦横無尽に聴衆を感奮せしめたりすることも忘れなかった。

この東北漫遊の時にも、一日、仙台市の一某校に臨んで元寇紀念碑に関する演説をしたが、その日は入場者はすべて靴を穿《うが》って入場することを禁じ、すこぶる静粛謹厳に開会せられたのであった。

今や丈雄が演壇に立って、その熱誠溢《あふ》れる講話を始めようとした時である。水を打ったように静謐《せいひつ》な場内の一角にあたって、カツカツと突然靴の響きが起ったので、振り向いて見ると、県書記官の某が今しも禁を犯して靴ばきのまま入場して来たところであった。

丈雄はまさに開かんとした口を一文字に結んで、その方をきっと見詰めたが、やがてその書記官が昂然《こうぜん》として上席の椅子に腰を下そうとした時、その頭上より百雷の落ちるような大声を張り上げて、

「貴様は何者だッ」

と大喝した。

満堂の聴衆はその声に驚き、ひとしく声をのんだが、丈雄は見向きもせず、爛々《らんらん》たる眼光鋭く、呆《あき》れて丈雄を振り仰いだ書記官の面上に向い、

「貴様はこの席を何と心得る、天真爛漫の学生たちは、予とともに護国の大精神を修養するため、敬虔と静粛を旨としてこうして集まっているのである。堂の内外各所に、穿靴《せんか》禁止の掲示がしてあるのが見えないのか、無礼ものめがッ！」

と、その脳骨をも即下に粉砕するかと思われるような勢いをもってどなりつけた。さすがの書記官も大いに驚き、狼狽震駭《ろうばいしんがい》して一言も発することが出来ず、そこそことして退場していった。これがために、丈雄の正義感に打たれた青年や学生たちは、その主張するところの護国精神に対する感動をいっそう強め、この演説会は最高潮に達した。

丈雄の横顔を語るにふさわしい逸話は、枚挙にいとまがないほどである。

これはまだ丈雄が食禄生活をしていた明治十年の頃の話である。

当時、丈雄は、尾張の国の東西春日井郡を治める郡長の職をつとめていた。

すると、この両郡をすぎて流れている五條川という小川があり、この川は県下数郡に渉《わた》ってその漑《かんがい》の用をなしていたので、各郡の間には、とかく水論の絶え間がなく、ために、この郡を治めるものはみな処分に困り果てていたのであった。

丈雄もこの両郡の治をなすに当って、これが第一の難件となった。しかし、丈雄はこの根強

い弊害を何とかして除かねばならないと深く考え、それには百万言を費しても、その効がないことを知っていたので、一策を案じ、ある時、治下の有志の者たちを集めて、それを諭告するでも仲裁するでもなく、ただぼんやりしている人々に向って左の狂歌と一詩を示して見せた。

五條川私情加えて苦情川　すなおになれよ雷《いかずち》の音

雷車《らいしゃ》　雨を載せて　沛然《はいぜん》と過ぐ
喜び見たり　枯苗　蘇《よみがえ》るを得たること多きを
昨日　前田　争水の訴
今朝　散作　挿秧《そうおう》の歌

この詩歌による調停のために、郡民はさしもの久しきにわたった紛争を止め、その後はつねに詩と歌を唱えあって、おのおの平和な灌漑《かんがい》を続けたということである。

樵者御母の如し

明治二十四年四月二日、名古屋の偕行社で護国講話を行ってから、同年十二月十九日まで、その主なるものだけでも八十二回の巡歴講演を行った丈雄は、同二十五年には二月から九月まで三十数回、本州全土に渉って講演を続け、九月十日青森町小学校での講話を終ると、休息する間もなく津軽海峡を渡って北海道函館に至り、九月十七日には函館商業学校でまず北海道での第一声を挙げた。この日の聴衆は生徒とその父兄が主で、一千一百名余である。

そして翌十八日には、函館町会所に於て五百名の聴衆に講話し、越えて二十一日には、大谷派の本願寺別院に至り、門徒及び有志合せて二千名にその護国精神の浸透を行った。

丈雄が北海道に足を入れるに至ったのは、勿論、元寇紀念碑建設講演の目的であったが、その外にもう一つの目的があった。

それは、当時日支の風雲急をつげ、朝鮮との修交関係も暗雲が漂い、何時なんどき日支は矛を交えることになるかもしれぬと、心中ひそかに憂い、この一触即発の時期にあって北辺の守備はどうなっているであろうかと案じたためであった。

そのため函館を一通り講演し終ると、十月五日には小樽湾頭に現れて屯田兵の情況を視察した。この日はあたかも陰暦八月十五日の夜で、波頭に躍る月影は皎々《こうこう》と冴《さ》えわたり、朔北の天にかかって名鏡をぬぐったように澄みきっている。彼方につづく山脈《やまなみ》を啼きつつよぎる雁の一群も、うたた故郷のしのばれる余情であった。しかし、丈雄はその懐郷《かいきょう》の念に涙することはなかったが、今日巡りきたった北門の護りがいまだ堅からざることを心中深く憂えて、静かに旅館の欄干により、寒光照りわたる天の一方を睥睨《へいげい》しながら慨然と左の一詩を吟じた。

壮図《そうと》　身を国家の捐《えん》となし
興亡を歴説《れきぜつ》して　独り自ら憐む
最《まさ》に是れ　中秋　三五の月
寒光　偏《ひと》えに照らす　北門の天

こうして一詩を吟ずれば、またおのずから体内の血汐が沸騰《ふっとう》してくるようにも思えた。北海の洋上に煌《きら》めく星座は、じっと見つめていると、自然々々に、丈雄の身辺に距離を縮めてくるようにも思えた。

そして、かの間宮海峡の向うに黒々と伏せ横たわる、大いなる眠れる獅子の在ることに思いを馳《は》せ、国防のますます急なることを感じた。

このみちみちたる丈雄の憂国的熱情は、行くところみな、その土地を湿《うる》おして、そこに護国の種子を播《ま》きながらも、同月の十五日には、札幌郡の新琴似兵村《しんことじへいそん》に到着して、そこに屯する将校兵士家族など合せて六百名に、まず熱弁をふるった。

この兵村はあまねく九州からの移住地だったので、そこには九州の言葉が多く、ここで丈雄はゆくりもなくわが故郷の語音を耳にして無量の感に打たれ、

来《きた》り訪《と》う　屯田《とんでん》の営《えい》また営《えい》
炉頭《ろとう》　団坐して　干城《かんじょう》と話《かた》る
郷音　改めず　九州の語
我が天涯 孤客の情を慰む

と、また一詩を賦した。

空谷《くうこく》に在るものは戛然《かつぜん》たる跫音《きょうおん》を聞くだにも愉悦《ゆえつ》の情を禁じ得ないというが、一身を祖国にささげて南船北馬、その夢さえもまどらかなる日とてなかった丈雄が、千里の異郷に親しく故郷の語音を聞いたのであるから、悲歓こもごもに至ってその胸をうったのも当然のことであろう。しかし、丈雄はその本領を忘れるものではない。その時、ただちに草した次の一詩を見る

ことによって、その丈夫ぶりを知ることが出来る。

九国　移民の情　最も敦《あつ》し
予を迎えて　指導するところ　是れ平原
隴頭《ろうとう》の斜日に　笛声起り
塞外の浮雲には　鷲影《しゅうえい》翻《ひるが》える
西海　曾《か》つて元賊の寇《あだ》を鏖《みなごろし》にし
北門　今は対す露兵の屯
言を寄す　邦内《ほうだい》の良兄弟《りょうけいてい》
墻《かき》に鬩《せめ》ぐことを以て　虎呑《こどん》を忘るる莫《なか》れ

この邦内の良兄弟に言を寄せて一矢を放っているのは、この時、あたかも政党の紛争がその極点に達していたので、遊説中もこれをひそかに憂慮嘆息していたがためである。

新琴似兵村で、はからずも故郷の言葉に接し、千里の旅情を慰められた丈雄は、その温かい人みなの心づくしにいとまを告げて、またとぼとぼと旅の草鞋を踏みしめながら、篠路《しのじ》、瀧川などの兵村を巡歴し、明治二十五年十月二十三日、匹馬単身、上川《かみかわ》の兵村をさして足を進めた。

時はまだ十月下旬であったが、名にしおう北海道のことである。満眸《まんぼう》の枯林を突き抜けてくる朔風《さくふう》はその肉にささるかと思われるほど寒気厳しく、毎日、毎日、冷雨の続いたあとの道路は、馬腹にも及ぶかと思われるほど泥濘《でいねい》が深く、うっかり枯葉の散り敷いたところに脚を入れると、たちまち深泥に落ちて半身を呑まれてしまうというありさまであった。

それで、出発に先だち、屯田兵村の士官は、特に丈雄のために乗馬の世話をしてくれたばかりでなく、途中の注意などもこまごまと教えてくれたので、丈雄はその荷鞍《にぐら》に幻灯の機械を結びつけ、その上に跨がって、飄然《ひょうぜん》と白雲を追ったのであったが、この時、別れを惜しんだ村の人々が、ねんごろに世辞を重ねて言った、

「何よりも危険なのは赤だから、よくお気をつけなさいよ」

との言葉が、その餞《はなむ》けとして馬の背に揺られる丈雄の脳裏を離れなかったが、その赤という意味がよく解らず、赤とは北海道に有名な赤熊のことであろうと思い、その親切をしみじみと心に謝しながら、茫々たる荒野に深く分け入ったのである。

荒漠たる原野は見渡すかぎりの枯林黄草で、鳥飛ばず、獣走らず、半日の行程にただ一人行き遭《あ》うものの影とてもない。丈雄は、地上に残る馬蹄の跡をたよりにして、あたりの気配に細心の注意をはらいながら、ようやく馬を進めてスママナイという土地にたどりついた。

その頃になると、さすがに永い晩秋の日もようやく暮れようとして西に傾き、寒気はそぞろ

に傷く襟元に刻まれ、何となく寂寥《せきりょう》に堪えない。馬もさすがに疲れたと見えて、四蹄はややともすれば泥に吸着されて歩みがさっぱりはかどらない。そのうちついに、とある深泥の前に立ち止まって、最早、一歩も進もうとはしない。あたりを振り返ると、盆のように大きな熊の足跡がある。これはかの「赤」が近くにいることに気づいて進まないのであろうかとも考えたが、こうして脚をとどめているわけにもいかない。

時にまた一詩あり。

深林　人絶えて　黄昏《たそがれ》んとす
雨雪　紛々　ひとえに魂を断《た》つ
匹馬《ひつば》前まず《すす》　縁底のほとり
老熊《ろうゆう》の足跡　盆《ぼん》の如く大なり

丈雄はこうしてはおられぬと、急ぐ心にせきたてられて、諸鐙《もろあぶみ》に力をいれて、太腹をけると同時に、一鞭強くその尻へ当てた。すると乗馬は一声はげしく嘶《いなな》きながら落葉を蹴って跳び上ったと思う間もなく、たちまち前方の深泥に落ちこんでしまった。

あっ、と一声、丈雄が叫んだときは、人馬諸共その泥中深く倒れて、最早、身動きさえも出来ない時であった。

それでも、丈雄はしきりに身をもがいて泥から起《た》ち上ろうとしたが、馬の背に圧《お》されて容易には動くことさえ出来ない。馬も同じこと、ただいたずらに四肢を動かし頚《くび》をうち振ってもがくだけである。そしてもがけばもがくほど、ますます深く泥にうづまるばかりである。ついに力つきたかのように、愛馬は頚を長くのばして悲しげに鬣《たてがみ》をふりかぶりながら、呻《うめ》きにも似た低い嘶《いなな》きを発するばかりであった。

丈雄はいまや進退きわまってしまった。

すでに人事を尽くしてきたのである。今ここに泥に埋れて死するのもこれ一つの宿命。なにを怨む心とてないが、今、祖国は非常の時である。それを知ってか知らずでか、衆議は乱れ、政党は風をはらんで狂奔している。外患はまさに直前に迫っている。この国家の急を前にして、また紀念碑建設の業を半ばにして、この僻村の寒地に一身を埋めるのは残念である。生きられるものなら生きたい。生きて天寿の続くかぎり祖国の土に殉じたい。と、丈雄は静かに生きる道を考えた。そして、暮れなずむ空に向っていっしんに助けを呼んでみた。

すると、折よくそこへ一人の旅人が通りかかった。そして、丈雄の声を聞きつけると急ぎ足に近づいて来た。丈雄がまたも助けを求めると、旅人は真近く進み寄ってきたが、どう思ったのか、このありさまを見ると、ただ驚いてうろうろするばかりで、手を出して助けようとはしない。

「手をかして下さらぬか」

と丈雄が重ねて救いを求めると、

「これは到底自分の力には及ばないから、これから近傍《ちかまわり》をさがして、土人に頼むことにいたしましょう」

と言って、何処かへそそくさと立去って行ってしまった。

丈雄は最早観念した。折角人影を見ながら、これに救われないというのは、すでにわが命の尽きたるしるしでもあろうと思った。しかし、やがてかの旅人が土人を伴って帰って来てくれるかも知れないと思うと、そうやすやすと死を決めてしまうのも軽率のように考えられたので、馬の背に抱きすがりながら、首をのばして、声をかぎりにまた助けを呼んでみた。

光りは山脈の上をオレンジ色に染めながら、少しずつ暗黒色に溶けこんでいって、あたりはもう薄明の夜が迫ってきていた。

丈雄は実に一時千秋の思いで行人を待った。

すると、やがてまた樵夫《きこり》らしい半白の老夫がそこに通りかかって来た。樵夫はさっそく丈雄の難義《なんぎ》を見つけると、急いで背の荷物をおろし、脚もとに充分注意しながら、その近くに進み、まず泥にまみれた丈雄を背後から抱きかかえて、ようやくひき起こし、今度は丈雄と二人で力をあわせて馬を泥中から引き出した。
すでに死をも覚悟していたのに、はからずもこの半白の老夫に救われた丈雄は、その深い情を非常に喜び、この災難と感謝を忘れてはならじと、早速、一詩を書きつづってこれを老夫に贈った。

深泥《しんでい》　馬腹を埋《うず》め
一躓《いっしつ》　満身を塗る
樵者の恩《めぐみ》　母の如く
予を援けて　又《ま》た途《みち》に上らしむ

こうして丈雄は救われたが、全身泥まみれで馬に乗ることもどうすることも出来ない。そこでまたしばらく途方にくれたが、ふと思いついて見ると一町程先に林が見える。泥に太った手綱を引いてその林までくると、手ごろの落葉がうづ高く散り敷かれている。丈雄は早速その落葉を集めて、馬や自分に着いている泥のあらましを拭い、あまりに多く着いているところは、枯枝を手折ってその泥をはね落し、とにかく、馬も自分も身動きが出来る程度に泥を払うと、辛《かろ》うじてまた泥だらけの鞍の上に跨《また》がって、もうすっかり暮れ果てた野面《のづら》の風に身を顫《ふる》わせながら、また、とぼとぼと歩み出した。

握る手綱はさながら鰻《うなぎ》のようにつるつるして心もとなく、馬の背が揺らぐたびに幾度となく落馬しそうになりながらも、ようやくのことで、オトエボッケという寒村にたどり着いた。

村に着くと、まず何よりも先に鞍を下して幻灯の機械を手入れし、それから馬の脚や頸をさすってやって、いろいろに労《いたわ》り、次に自分の泥まみれの衣裳を脱いで樹の梢につるし、夜風が肌に沁み込むのをじっと耐《こら》えながら、腰を下してひと休みしていると、そこへ折りよく屯田兵の士官二名が通りかかったので、来る道筋で苦難に遭った話をすると、二人はともに同情して、今夜は自分たちの宿舎に泊っていかれるようにとすすめてくれた。

屯田兵の宿舎まではそこから十数丁の道のりであった。士官たちは丈雄の身装《みなり》を怪しみながら、何故の旅であるかを聞いたので、歩きながら丈雄はその念願の一部を語って聞かせた。すると、士官たちはすっかりその雄図に共鳴して、丈雄との期せざる邂逅《かいこう》を喜び、また懐かしみ、宿舎につくと、温かい食事を自ら整えて心ゆくまでもてなしてくれた。

小丘の麓に、枯林をもって囲まれたこの露営の宿のような屯田兵の宿舎は、吹き荒ぶ風に、絶えず無気味な音たてていたが、士官の焚く心づくしの火は体内の血を温め、かつて北條時頼が深雪に困って宿を得た時、佐野常世《さのつねよ》は鉢の木を手折って火に燃やし、これをもてなしたという逸話のことなど思い出して、その夜は愉しく語り更《あ》かしながら、二人の士官の床にはさまれて、ぬくぬくと溶け入るような夢を結んだ。

丈雄が後に札幌に帰着した時、「湯地の泥団子」という綽名《あだな》がしきりに伝称されていて、丈雄を思わず苦笑させたが、それはこの二士官の口からすでに伝えられていたものであろう。名誉でもあり不名誉でもある「湯地の泥団子」の名は、その後あまねく北海道にひびき渡ったとのことである。

丈雄はこの士官とともに一夜を明かした時、先に村民に別れる時聞かされた「赤」というものについて尋ねてみた。すると士官たちは笑いながら、それは赤熊のことではない。この近くに重罪犯人の収容所があるが、そこの犯人がよく脱走して行人に害を加えることがある、この重罪犯人の出没することを「赤」というのであると聞かされて、丈雄も思わず破顔一笑した。

明くる日は風もすくなく、晩秋の日和であった。二人の士官に厚く礼を述べて、この地をあとに、いよいよ目的地たる上川の兵村をさして馬をすすめた。

この上川こそ、丈雄が生涯忘れることの出来ない大きな感動を得た「赤心豆」の逸話の地である。

赤心豆

文字通りの泥団子のような姿で、しかし、その肚《はら》のうちには純潔玲瓏《れいろう》なる愛国の鉄血をたぎらせながら、丈雄はいよいよ北海道上川郡の新開墾地へと、巨歩を進めたのである。

ここ数年来、北門鎖鑰《さやく》の要を説いて、「日本、気をつけ！」と絶叫していた丈雄は、今、まのあたりに離宮を造営せらるるこの地の土を踏み、付近の山川草木を眺めるに及んで、言い知れぬ感慨にふけり、腰をさぐって矢立の筆をとり出すと、日本紙綴りの手帳を広げて、また一詩をしたためた。

桂玉《けいぎょく》の郷　半銭無く
唯《た》だ余す　短褐《かつ》と空拳のみ
葵心《きしん》　直ちに向う　離宮の地
馬背　寒を衝《つ》いて　上川に入る

そして、また忠君の至情やみがたく、

上川の新道　一條通じ
行き尽す　深林　密樹の中
此の夜　微臣、感《かん》限りなく
北星　辰下　離宮を拝す

と、筆を走らせた。これは丈雄の天真さを、ただちに流露《りゅうろ》しきったもので、その精神のありようを写し出した活画とも言うべきものである。

上川の兵村につくと、丈雄はまず屯田兵の大隊本部を尋ねた。そして、護国赴難史の幻灯を写しながら演説することの打合せを行った。大隊本部では前々から丈雄の噂を聞いていたので、この僻遠《へきえん》の地まで尋ねてきたことをたいへん喜んで迎え、すぐさまその幻灯講演の準備をすることになった。

打合せを済まして帰った丈雄は、午後になって、またその会場に当てられる場所を見るため、大隊本部を訪れた。すると、沢山の壮丁《そうてい》たちが集まって、物凄《ものすご》く大きな倉庫から盛んに兵糧米を担《かつ》ぎ出して、前の空地に山のごとく積み重ねているではないか。まるで戦争でも始まるような大騒ぎなので、びっくりした丈雄は何事があるのかと一壮丁にその理由を尋ねた。すると、これは丈雄の演説会場に当てるため、大隊倉庫のうちで一番大きい倉庫を空けているのだということを聞き、大いに感激して、この頼み甲斐ある屯田兵たちのために、今宵は咽喉がさけて血の出るまで、満腔の抱懐を吐露し尽くそうと決心した。

この大倉庫を空けた演説会場が出来上る頃、早くも夕餉《ゆうげ》を済ました屯田兵の家族たちは、向うの枯林から、また、細い流れの丸木橋を渡って、数人ずつ一かたまりになりながら、いそいそと会場に集まって来た。

若い娘の背に負われた白髪の老人は、すっぽりと毛布を頭から被《かぶ》って、首のところを手拭で結んでいる。そうかと思うと、老婆の手を引きながら、片方の手で乳児を抱えてくる女もいる。老若男女の総出動といったかたちで、さしもの大糧庫も、みるみる立錐《りっすい》の余地がなくなってしまった。

まず、屯田兵士官の開会の挨拶がすむと、丈雄は演壇に立って、おもむろに元寇の由来を説き、一つ一つそれに関した幻灯を写して説明を加えていった。

これを聞いていた屯田兵たちは、――自分たちは今や北門鎮護《ちんご》の任に当たっているのである。この時、もしも侵略者の暴手が、一葦帯水の北岸からのびて、この土の上に屈辱が加えられる場合もあったら、ああ、我らこそ、往年の助国《すけくに》たり、景隆《かげたか》たり、通有《みちあり》たり、資長《すけなが》たらねばならないのだ――と、無言のうちにも強く心に決するところがあった。と同時に、かかる尽忠勇猛の士が六百余年もの永い間、ひとしく国民から忘れ去られていたのであったか、と、今更ながら、そのかみの有様を頭《こうべ》に浮べ、これはまことに相済まないことであるとの感慨に打たれて、皆いちように慷慨と悲憤の涙をぬぐっていた。

丈雄は熱血をしぼりながら話しているうちに、いつかその話に感動した大聴衆がそこここに嗚咽《おえつ》を始めてくると、今度はかえって丈雄の方がもらい泣きするようなことは度々であったが、この上川の兵村に於ての感動は、それにもまして激しいものであった。

たいていの場合、いちばん先に泣きくずれるのは娘の子が多かったのであるが、ここでは鬼をもひしぐ屯田兵の丈夫たちが、人前もあらばこそ、堪《たま》りかねたようにわっと声をあげて泣き伏すものもあり、話が進むにしたがって、一場に会するものはみな、兵も士官も老幼男女の全部まで、激しい流れの堰《せき》をきったように声をふるわせ、涙の荒波を立てて会場をゆすぶった。

丈雄はその嗚咽の声に演説がかき消されるかとも思って、ますます大声を張り上げたのであったが、両頰をびっしょり濡らす己れの涙にさまたげられて、声はしわがれ、咽喉はかすれて切れそうであった。

丈雄はこれまでの場合とは、比較にならぬほど、かえって聴衆のために大きな感動を与えられてしまったのである。それは、泥濘《でいねい》寒孤の旅愁を重ねてきたこの北門の守りに当たっている、同胞たちの熱情の豊かなことと、その頼むに足る祖国愛の熱心さに深く心を打たれたからであった。

後日、丈雄は肥後巡歴にさいして、その山中にて雪に阻《はば》まれ、この上川にかつて遊説した日を思い起して一詩をものしたことがある。

曠原《こうげん》　漠々《ばくばく》　一程通ず
杖を植う　寒林枯樹の中
思い起す　曾遊《そゆう》　上川の路
満簑《まんさ》の雨雪に　離宮を拝す

というのである。

この詩によっても知れるように、独り旅から旅を経ている間には、このように人知れぬ辛酸がどのようにたくさんあったか知れないのである。


先を急ぐ丈雄は演説が終ると、その夜はここに一泊し、明くれば、いよいよ懐かしい上川の兵村を後に出発することになった。

朝早く起きて、せき上げてくる惜別の懐《おも》いを胸に満たしながら、旅装をととのえていると、そこへ和田大隊長からの使いが来て、この地を去る前に、是非お目にかからねばならぬことがあるから、すぐにおいでを乞うとのことであったので、何事が起ったのであろうといぶかしみながら、丈雄はその使者とともに大隊長のもとを尋ねた。

するとと、大隊長は威儀《いぎ》を正して、

「昨夜、貴君の護国談のために、非常にわが屯田兵の士気を鼓舞していただいたことは感謝に堪えない次第です。ところで、屯田兵一同は、どうかして護国の精神にかなう元寇紀念碑のために、応分の喜捨《きしゃ》をしたいものであると言っているのであるが、彼等は移住後、日が浅いので、金銭の貯えのあろう筈《はず》もない。そこで、せめては赤誠の万分の一なりともということで、各自が作った大豆や小豆をそれぞれ一握りずつ持ち寄り、ここに御覧の通りの量になりましたので、まことにお恥ずかしき次第ながら、是非とも貴君に贈っていただきたいと、私のところまで申込んできたのです。どうか彼等のまごころをお察しくださって、こころよく収めてやってください」

と、五俵ほどの豆俵を示されたので、丈雄は両の瞼《まぶた》をしばたたきながら感涙にむせび、

「いや、まことに感じ入ったる贈物でございます。この豆こそは村田銃の弾丸よりもいっそう効力のあるものです。やがてはきっと、如何なる強敵の来寇をも掃蕩《そうとう》することが出来るものとなることでしょう。湯地は決して、この豆の一粒半粒《いちりゅうはんつぶ》とても無益《むだ》には致さん」

と、熱誠をこめてこれを受けたので、その贈者たる屯田兵たちも大いに喜び、勇み進んでこの豆俵を馬につけ、自分たちで小樽港まで運び、同港にある日本郵船会社出張所にその運搬を依頼した。

ところが、日本郵船会社出張所でこの話を聞いた所員たちは、皆いちように感激して、これは東京の元寇紀念碑建設事務所まで、無料で運送させてくださいと申し出た。こうして、この「赤誠の豆」は東京まで無料奉仕で送られたのであった。

翌二十六年正月、丈雄はこの豆を事務所に飾りつけ、訪《おと》ないくる人ごとにその由来を語っていたが、のち、更に、これを数千の袋に入れて「赤心豆」と名づけ、その袋に「一掬之丹豆万斛《いちきくのたんずばんこく》の赤心」と題し、別に由来書をそえて、時の国務大臣、及び貴衆両院の各議員たちに配布して、この赤心の種子を天下に萌芽《ほうが》せしむべく各員この種子を蒔《ま》き育くまれよ、との心願を寓したのであった。

その後、大日本教育会の集会にもこの話をして満場を感激させたが、その日列席していた精神教育家として令名の高かった、天台道士杉浦重剛《すぎうらじゅうごう》はことのほか感嘆し、その小豆《あずき》一粒を五十銭の割にて数粒買い求め、これを自宅の菜園に蒔《ま》きつけて、他日一粒万倍となる日を待ち、門弟たちと赤飯を炊《かし》ぎ、以て元寇紀念会をいとなまん、と切言《せつげん》されたということである。

この上川に別れをつげて、丈雄が旭川兵村におもむいたのは、明治二十五年十月二十五日であるが、その帰途に得られたという左の一律は、丈雄の詩篇中絶唱たるべきものである。

葛衣《かつい》　何ぞ耐《た》えん　晩秋の天
忙《あわた》だしく　羸蹄《るいてい》に跨《また》がって　旭川を辞す
颪は鵞毛《がもう》を捲《ま》いて　鞍上《あんじょう》を撲《う》つ
雪は桟道《さんどう》を籠《こ》む　失橋《しつきょう》の辺《ほとり》
昨日は紅葉山中の客《かく》と為《な》りしが
今は白氈《はくせん》郷の重仙に似たり
北海の吟情　誰《たれ》に向ってか語らん
都門　猶《な》おいまだ　菊花の筵《えん》

なお、左の三絶句は、みなこの北海道遊歴中に得られたものである。

屯田《とんでん》の地は旧《ふる》くして　水田を成す
喜ぶに堪《た》えたり　里仁《りじん》　風俗清し
鶏犬　既《すで》に肥えて　桑樹大なり

更に聞く　痒序《しょうじょ》　読書の声

秋風　馬を駆《か》る　北門の関
行き尽す　瘴烟《しょうえん》　蛮雨《ばんう》の間
首《こうべ》を回《めぐ》せば　家園の路は猶《な》お遠く
鎮西の孤客　小樽湾に有り

北門　鑰《やく》を鎖《とざ》して　幾時にか成る
東海の波瀾《はらん》　夢に入って驚かしむ
よしさらば　一身を擲《なげう》って　国是を論じ
慨然《がいぜん》　重ねて洛陽の城に向わん

他山の石

この北海道への旅にのぼる前の年、明治二十四年二月十一日、ちょうど紀元節の佳辰を卜《ぼく》して、丈雄は東京市の皇典講究所の講座に於て、いつもの元寇紀念碑に関する講話を試みたことがあった。

この頃はまだ、丈雄がこの事業を提唱してから日の浅い時であったため、さほどに世人の注意をひくこともなかったので、丈雄はいっそう熱心の度を固めて、文字通り声涙ともに下る態度で、一心に護国の大義を説いたのであった。この講話の時にも、なるべく元寇の歴史を聴衆によく理解させるために、元寇の絵巻物や往年の遺品などをその会場の傍らに陳列して、集る人々の関心をそそった。

丈雄の講話がようやく佳境に入るにつれて、堂に満ちあふれた聴衆はいずれも感激の色を紅潮させていたが、いよいよ、元寇紀念碑を建てて護国の大義を明らかにせねばならぬということを説き進めていると、いきなり講堂の入口に近いところから、

「ゲンカン紀念碑大賛成！」

と大声でどなった者があった。

この一堂に会していた者の多くは、みな中学生やそれと同程度か、またはそれ以上の学校生徒であったため、今、この一人が元寇の寇《こう》の字をカンと読み違いて大声で叫んだので、他の人々はみないちどきにどっと笑いくずれながら、その声の起った方を見返ったのである。

すると、その大声を発した男はあたりの嘲笑《ちょうしょう》などには耳もかさず、大きな文字を染め抜いた印半纏の裾《すそ》をからげて群集をかきわけながら、真一文に演壇に向って進んで行くので、初め、哄笑《わら》っていた聴衆一同はあきれはて、口を噤《つぐ》んで、どうすることかとその男の後ろ姿に固唾《かたず》をのんで見守っていた。

丈雄もことの様子にいささか不審を抱かぬでもなかったが、もとより虚心坦懐《たんかい》、なにか理由のあることであろうと、その頑丈《がんじょう》な両頬に微笑を含んでその男の近寄ってくるのを待っていると、やがて、演壇の傍《かたわ》らまで進みきたった件《くだん》の男は、丈雄に対して丁寧《ていねい》に一礼し、肺腑《はいふ》を絞り出すような声で、

「わたくしは日本橋伊勢町三番地の運送店の雇人ですが、今はからずも御演説を聞きまして、全く感心いたしました。ごく軽少でございますが」

と言いながら紺の腹掛の底をさぐって、

「主人からいただいた昼食代がここに五銭ございます。どうか志《こころざし》だけを、費用の中にお仕舞いなすってくださいまし」

と、両の瞼に涙さえ浮かべて差し出したので、丈雄はもちろんのこと、聴衆のいずれもが大きな感動にうたれてしまって、さしもの大講堂もしばらくは息するものもないかと思われるほど、静謐《せいひつ》な空気に声をひそめていた。

この一労働者は、丈雄がいくらその姓名を尋ねても、その名を秘めて語ろうとはしなかったが、丈雄の切なる願いにようやく口を開き、内田豊蔵と一言その名を言っただけで、そのまま逃げるように立去って行ってしまった。

その後で、丈雄は聴衆に向い、

「みなさんは、今、彼《か》の内田豊蔵なる者が、元寇をゲンカンと読み違えていることをうち揃って笑いましたが、今、それを非常に申し訳なかったことと思われているでしょうね。盲者に道を教わった、ということを人はよく言うが、今の私たちの場合はそれと同じことが言えます。内田豊蔵君は不幸にしてみなさんのように上級の学校へは行けなかったのでしょう。しかし、学校へ行くことだけが人間を偉くするものではない、内田豊蔵君のように、たとえ元寇をゲンカンと読み違える人があっても、その人の心が、真人間として、真の日本人として、その生きる態度が立派であれば、誰にも恥ずるところはない。論語読みの論語知らずというたとえもある通り、人間は文字を習ったとてその精神を学び修めなかったら何にもならぬ。造花の美に等しいものである。私は今日は本当によい勉強をした。みなさんもどうか彼《か》の内田豊蔵君のような、まことの日本精神というものを忘れないでください。事は一飯の昼食を割いて義捐《ぎえん》したというまでのことであるが、この一飯を割くことがなかなか出来ないのが人間の常なのであります」

丈雄の眼には数滴の涙が光っていた。

なみいる聴衆もただ頭《こうべ》をたれて、深い悔悟《かいご》の情に責められながら、じっと丈雄の声を熱くほてった耳朶《みみたぶ》に受けて、ちょうど清澄な深山渓谷の囁《ささや》きにでも聞き惚《ほ》れているかのように、うっとりと心を澄ませているばかりであった。

このようにして、丈雄には意外なところに意外な人の熱烈なる支援があったが、それはひとえに丈雄の風格や熱弁が、そのように素朴な人たちの心をとらえる一つの姿として自然にそなわっていたがためでもあろう。

明治二十六年六月一日、丈雄が神戸にその遊説の足をとどめた時、これを裏書するかのような逸話がまた一つ生れて、丈雄の横顔をいっそう豊かにいろどってくれた。

この日、いつものように、神戸の市民に向って護国談をこころみた丈雄は、同地の小林旅館にその旅装をといて、その夜は、連日の疲労を癒《いや》すために、一人の按摩《あんま》を招いて肩のしこりをほぐしてもらった。

この按摩は、神戸市北長狭《ながさ》町七丁目の槙芳太《まきよした》という者であったが、丈雄のごとき奇士のところには、天もみずから尋常のものを送らないのであろうか、この槙芳太は、ひとり按摩の術にたけているばかりでなく、すこぶる気概に富んだ上に、敬神の念が非常に深い男であった。

満身満肚《まんしんまんと》、ただこれ護国という二字のほかにない丈雄は、この按摩とさまざまな雑談を交しているうちにも、いつしか元寇紀念碑建設のことに話が及んだのであったが、芳太は療治しながらも、すこぶる熱心にその話を聞いているので、丈雄はますますその話に熱中してしまって、いつしか、自分が治療してもらっていることさえ忘れたかのようになってしまい、芳太もまた熱心に耳をそばだてて、時のたつのも忘れて夢中で丈雄の身体をもんでいたのであった。

そして、やがて話は文永の役より弘安の役にうつり、ようやくその話も終ると、芳太は初めて我に返り、見えぬ眼に涙を浮かべて、その語気に熱した力を込めながら、

「どうもえらいことでございました。昔から、忠臣とか義士とかいうお方はみなそれぞれに語り伝えられ、楠公さまは湊川神社にお祭祀《まつり》を受けておいでなされまして、私もそのお宮の御普請の折には、盲目《めしい》ながらも地形《ちぎょう》の土担《かつ》ぎをさせていただきました。それから、和気《わけ》の清麿公《きよまろこう》さまも、護王大明神に祀《まつ》られておいでなさいます。そういうふうに元寇の時に忠勤を抽《ぬき》んでなされたお仁《かた》さまには、さぞかし何処かに立派な紀念のお碑でも建ててございますことでしょうね」

と、ちょうどなにかをまさぐるような手つきで、ぽつぽつと語り出した芳太の言葉を聞き、丈雄は無量の感慨に身の寒くなる思いをして、黙然としばらくは返す言葉もなかったが、やが

て嘆息の声を洩《もら》しながら、

「いや、紀念碑どころか、それを伝える目標ひとつ建ってはいない。それが残念さに、この湯地は日本国中を遍歴して、どうかその昔、応戦した古戦場、筑前千代の松原に元寇紀念碑を建てて、万代の護国の鑑《かがみ》とする存念《ぞんねん》であるが、幸いにも国民上下の賛成を得、また、畏れ多くも天皇陛下からも御内帑金の御下賜があったのです」

と、一部始終を語るうちに、やがて芳太の治療もすんだので、七銭の療治代を渡すと、芳太はいったんこれを収めて、更にまた五銭だけを懐中からとり出し、

「僅かなれども志でございます。どうか費用の中にお加え願いとうございます」

と、涙とともにさし出したので、丈雄は、これは千金に換え難き赤誠であると、深く感激してそのおくところを知らず、まさに立ち去ろうする按摩の芳太を呼びとめて、

めしいにもこぼす涙の一雫《ひとしずく》　世になきたまの浮みいづらん

と一首の歌を口ずさんで、その感謝の心をのべたのであった。

丈雄はこの盲人、槙芳太の健気《けなげ》なふるまいとその精神に感じて、そこにまた新しい有力な援軍を得たかのように勇気を百倍し、もって付近の各地に遊説をこころみ、同二十六年の六月八

日には、兵庫県の師範学校の招聘《しょうへい》により、再び、神戸に護国演説をこころみることになった。

その夜、海岸通りの旅館に帰ったのはかれこれ十二時頃であったが、思いがけなくも、盲人の芳太は早くから丈雄の帰館をここに待ち受けていて、丈雄の声を聞くと同時に、さも懐かしげにその傍にさぐり寄ってきたので、丈雄も何となく嬉しくなり、みずから芳太の手をとって居間に導き、一通りの挨拶がすむと、芳太は丈雄の労を犒《ねぎら》うかのように、黙ってその背後に回って按摩《あんま》療治を始めるのであった。

そして、「先日は有難うございました。実は、お尋ね申したいことや、お話いたしたいことがたくさんにございますので、先生のお出でなさるのを心待ちにいたしておったのでございます」

と、まごころを面に現わして語り出したので、丈雄はその熱誠と親切にいたく喜びを感じながら、

「それは私にとってても嬉しいことである。その話というのは全体どのようなことなのだね」

と、問いかけた。

この芳太が語り出すことところを聞くと、芳太は、前に、丈雄の話を聞き覚えたままを、その治療に行った先々で、熱心に語り聞かせたのであったが、その多くの者は、ほとんど一席の座興として聞き流して、心からその話に耳を傾けようとするものがないのであった。

それで、芳太は、

「先生、実に残念でなりません。もう少し詳しく承《たまわ》っておかないと、問い詰められて答えが出来なかったり、まぜかえされたりするのを言いほぐす事が出来なくなってしまいます。それから……」

と、少し言い淀《よど》んでいたが、ややあって、

「ある人は先生のことを、湯地という男は、前には官吏であったというから、多分免職されて食うに困ったあげく、こんな山師《やまし》みたいなことをたくらんでいるのであろうなどと、申すものもあるのでございます」

と、さも残念そうに、その言葉尻は涙にとぎれるのか、かすかに顫《ふる》えさえ帯びて言うのであった。丈雄もさすがに憮然《ぶぜん》たらざるを得なかったが、言葉をあらためて、

「古人の言葉にも、他山の石以て玉をみがくべし、とあるが、いまのような謗言《そしり》は私にとって実に良い薬である、決して怨《うら》みも腹立ちもしない。ただ今よりはなおいっそう熱心に護国の大道を述べて、自然と、かかる言葉の亡《う》せるのを待てばいいのである」

と、静かに答えた。

芳太はこの丈雄の言葉によりいっそう大きな感動を起し、それより元寇の歴史についてなお詳《くわ》しいことを問いただし、やがて、午前二時の暁を告げる鐘の音があたりの空気を韻々と鳴り

響かせるまで、丈雄の席に侍《はべ》っていたのであった。

その後、同年の七月十一日、丈雄は遊説の帰途をまたも神戸の町を通ったので、その途次にわざわざ芳太を尋ね、後日の記念にとて、二人睦まじく肩を並べて写真を撮ったのであったが、この話はいつまでも盲人の美談とし、後日、世人の感慨にしみじみと生き続けていたということである。

このように、湯地翁には奇《く》しき美談の数々が少なくなかったのであるが、それはみな翁の人格によってきたるところのものであった。

また、丈雄に最も多くの同情と支援を寄せていたのは、軍人と子供であったことは、その一端を前にも述べたが、ここに、この軍人にちなんだ話がまた一つ生れた。

それは明治二十六年三月のことである。近衛歩兵少尉の川西貞次郎という将校から、湯地丈雄のところへ、ある日、一通の書面が届けられた。

それによると、その川西少尉の部下の兵士たち四十余名は、丈雄の趣旨に大いに感ずるところがあって、毎月三銭ずつのお金を拠金し、もってその運動をたすける微意《びい》を表したいとの事であるから、よろしく承知しておいていただきたいと申込んで来たのである。この誠意あふれた申込みに、丈雄はいたく感動して、ただちに川西少尉の宅を訪れ、同感の兵士を集めて護国幻灯を写しながら、彼等のために忠君愛国の観念をより堅く強めるため、ひとときの講話をこころみた。

時に、集まった一座の兵士たちは、この丈雄の話にますます感激を深めた様子であったが、その後に、川西少尉はこの時集まった兵士たちに、その時の感激を筆に表わさせて、それを一巻となし、丈雄のもとへ送ってきた。

そのいずれもの筆の跡はおぼつかないものであったが、その語句の間にみなぎる尽忠報国の至念は、前にも増していっそう高まってきていることを、ただちに汲み取ることが出来たのである。


「先日、湯地先生の幻灯を見、かつその説明を聞きまして、私の精神に、か様なる幻灯のありさまは六百年前の事なれども、今日、日本国に生れたる者、特に護国の任務を帯ぶる我々軍人は、充分に元寇殉難者の心をもって、天皇陛下に忠義を尽さねばならぬという感情を起しました。」


これは、その一巻に収められた感想のうちの一例に過ぎないものであるが、このような精神は丈雄がほとんど全国の各連隊に於て演説し、等しく各兵士の胸底に沸き立たせたところの感情であった。

思えば、越えて半年もたたぬ間に、日清の開戦となり、日本の忠良なる兵士及び全国民は、その忠勇義烈なる大精神を宇内《うない》に発揚したのであるが、これに対しては、蔭ながらの丈雄の熱心なる感化の行為が、与《あずか》って大いに力あったことは、当時、何びとともこれを否認することは出来なかったのである。

更に、これを児童の側について考えてみると、時は明治二十七年の九月、日清戦争がいまや序幕を開けてその戦いのさなかに入ろうとする時であったので、丈雄は福岡県三潴郡の一小学校で、その護国演説にますます熱誠をこめて可愛い少国民と一堂に会したことがあったが、時が時だけに、丈雄の意気が倍加していれば、またこれを聴く児童の熱心もひと通りではなかった。

そこで、その夜の職員は、児童をして、各自の感じたことを綴《つづ》らしめ、その一語一句も添削せずに、そのまま丈雄の許に贈ってきたので、丈雄も非常にこれを喜び、その小さな赤誠の表れを、一字も洩《も》らさず、深く心魂に徹するまで夜を更かして読みふけったのであった。

その幼き感想文の二、三を次に掲げて見よう。

高等一年生の書いたものには、

「湯地先生のお話をきて、日本気をつけ、の号令にかんしんしました。日本は昔より強国であります。日本は東洋第一であります。而して支那のちゃんちゃんぼうずはながくそながぎせるなり、我兵は此に反し其勢盛んであります。」

と、幼稚な心にも、すでに世界に雄飛しようとする鋭気がみなぎっている。

また、高等二年生のになると更に熱烈である。

「湯地先生は幻灯会で一々大和魂を話しました。蒙古は十万余にて我日本を忽必烈が取ろうとした。然れども日本魂の無きを以て忽ち撃ち滅ぼされたり。されば吾等は兵隊にでも出て戦をすれば、日本魂を以て敵の大軍を討殺して国家の為め、君の為めに忠義を尽くすなり。」

これはただ単にその一部を引例したもので、このほか、そのいずれもが天真爛漫の文字に、限りなき護国の精神を躍動させていたことは、丈雄をしてこの上もなく喜ばせたものであった。

同情一致の春

春は花の装いとともに、地のぬくもりにひそんで、夏来たり、また去り、明治二十六年も瀬音に揺れる穂すすきの季節となったが、丈雄は一日とて坐して憩むの暇《ひま》もなく、旅から旅へ木の葉を捲《ま》く木枯のような慌《あわただ》しさで、枯林深雪をかきわけながら、あるいは村落へ、あるいは北辺の都市へ、その草鞋の跡を残して歩いたのであったが、その心のうちには、こうした同胞を代表している貴族院議員や衆議院議員の方たちとも、是非一堂に会して、護国を論じ、元寇紀念碑建設の要務をも知らせたいと考え続けていた。

その久しい念願がようやく酬いられてか、明治二十六年十一月二十一、二の両日にわたって、その議員諸氏に会するの機会がついに訪れたのであった。

この集会は当時空前絶後ともいうべきもので、その会場は東京の華族会館であった。華族会館といえば、その頃、最も壮麗華美を極めた建築物として人に知られ、ここに参会するは勿論、入場することすら非常の光栄に思ったものである。この華族会館を使用することが出来たのは、丈雄に厚志を寄せる華族たちの斡旋《あっせん》によるものであった。ここで、丈雄は元寇殉難者の一大弔祭を行うことになったのである。

当日は、内閣各大臣をはじめ貴衆両院議員を招き、そのほか朝野の紳士淑女の来会をも求めて、次のような案内状を発した。

為元寇殉難者弔祭

一、護国幻灯

一、護国奏楽

一、護国舞楽

一、護国講談

右之通麹町区内山下町華族会館（鹿鳴館）に於て、来十一月二十一日開会執行仕度候間報告の衷情御賛揚の上、令夫人同伴御臨場被成度此段特に御案内申上候　　敬具

但午後五時開会十時終会

会主　湯地丈雄

この案内状には、その頃、貴族院書記官長であった金子堅太郎と衆議院書記官長であった水野遵の両氏が、賛成員として名を連ねた。

この華美荘厳なる大会場に於て、朝野の名士を招き、元寇の難に殉じた忠臣を祭るというのであるから、半ばは好奇心にかられて、当日になると、さしもの会場も立錐の隙《すき》さえないほどに、紳士淑女の来会者が早々と詰めかけてきた。

この日の催しには、先の案内状にもあるように、雅楽協会員の舞楽や近衛軍楽隊の奏楽、また、松林伯円の講談など、そのいずれもが、みな悲壮慷慨を極めたものばかりであったが、なかにも、文永、弘安の惨害を描いた二大戦況と、これに関連した四十余年間の外患の歴史を、幻灯に写し出して、丈雄みずから声涙をしぼってその説明を尽くすと、講堂に満てる人々はみな手巾を握りしめてその感激に濡れた。思えば六百有余年もの間、ついに祀《まつ》られざりし元寇の役の忠臣も、この日こそ髣髴《ほうふつ》として来たりこの祭祀《さいし》を享《う》けて落涙したに相違なかろう。

この日集まれる者は、みな朝野の名ある紳士淑女であったが、これを招いた会主湯地丈雄は、その愛国の熱情に於ては、講堂の会衆を一丸とした、それよりもなお決して劣れるものではないが、身は清貧廉潔《れんけつ》のことであるから、もとより、それらの人々を歓待する何ものもない。ただ、真情を吐露《とろ》して国家の礎とならんとする、溢《あふ》れるばかりの精神があるだけである。

その丈雄を援《たす》けて、この日の参会者の案内と接待の役を買って出たのは、その頃、都下の学生間に、「ああ玉杯に花うけて」の校歌とともに、その質朴《しつぼく》剛健な気骨をもって知られている東京第一高等学校の健男児たちであった。短い木綿の縦縞の袴をはき、絣の筒袖《つつそで》に高い朴歯《ほおば》の下駄を鳴らしながら、番茶と焼芋を捧げて来会者をもてなしたのである。

この痛快な弔祭はその来会者にばかりでなく、これを伝え聞いた多くの人々にも深い感動を与えずにはおかなかった。

後日、この丈雄の誠実な行為は、議会に於てすら話題の花を咲かせたとの事であるから、この華族会館で行われた弔祭会が、後年、どのような波紋を描いたかが想像出来るのである。

この時の丈雄の一絶を吟唱すれば、更にまた深まる感激がある。

創業　曾《かつ》ては　犬馬の身に甘んず
功成すは　自ら其の人有る可《べ》し
偏《ひと》えに歓ぶ　衆議院の明徳
迎え得たり　同情一致の春

更に、不思議な因縁ともいうべきことは、ちょうどこの会があって満一年の後、明治二十七年十一月二十一、二の両日には、わが征清の第二軍は、山地将軍指揮下の精鋭をもって、一挙にして清国の要港、旅順口を占領したのであった。

こうして、丈雄の熱誠は日一日、年一年を経るごとに募《つの》ってくるばかりなので、初めのうちはさまざまの悪評や冷罵《れいば》を加えていた者も、いつの間にかその至誠にうたれ、感激するところとなり、その辛酸に対しては、温かい同情の心さえ湧き出でてくるのであった。

おのれの生首を賭してまでも、この丈雄の事業を危うんだ井上毅文部大臣も、その後、丈雄がいよいよ不撓不屈の心を鼓舞して、このことに当っていることを聞いて、心ひそかに喜んでいたのであったが、佐々友房《さっさともふさ》氏を介して、

「湯地君が元寇反撃の幻灯を照らして説明すると、軍人の中には、感極まって涙を揮《ふる》う者が多いということであるが、よほど、弁舌がうまくなったと見えるから、是非一度、聞きたいものである」

と、言伝《ことづ》てをされてきたことがあった。

丈雄はこれを聞いて、

「自分は弁舌が上手だとか下手だとか、そんな事は念頭にない、ただこの忠勇義烈な元寇殉難者が、今の世に至るまで、一度として弔祭だもされないのは、如何なるわけであろうか。世間には、随分、学者もあり識者も多いのに、上下数百年の間、一人としてこれを主張しないのは実に心外の至りであると思うので、演説をする度に、自分の心で泣き、腹で泣くことばかりで、その時、兵士が泣くか、将校がともに袖をしぼってくれるか、そんなことは、勿論私の知らないことである」

と、喝破《かっぱ》したということであるが、丈雄にこの精神があったからこそ、軍人はすべて丈雄とともに泣いたのである。

この泣いて感激した軍人の中に、向井与太郎という歩兵軍曹があった。

向井軍曹はある時、丈雄のところへ訪ねてきて、

「私は当年の五月に、満期除隊になる一下士でございますが、かねて先生の御演説を受け承り、非常に感激いたしました。そこで、満期除隊後は、ともに日本全国を巡歴して、きっと先生のために犬馬の労を尽くします」

と、その両眼には涙さえ浮かべて、熱心に再会を誓って帰った。それは明治二十七年一月のことであった。

そして、五月になると、果して一輛の荷車に寝炊《ねた》きの道具一切を積み込んで、明るい微笑をその逞しい両頬に刻みながら、丈雄の許を再び訪れて来た。そして、

「これから、行きつく先々で、多くの人々や兵士の方にも護国の精神を説き、その山野を寝床と定めて、いよいよ全国を漫遊するつもりです」

と、語った。

丈雄は、よもや来ようと思っても来られないであろうと思っていただけに、この向井軍曹の熱誠にすっかりうたれて、暫くは一語も発することが出来ずに、ただせき上げてくる涙に両髯を濡らしながら、じっと軍曹の顔を見つめるばかりであった。

その軍曹の旅装を見ると、さすがは軍人である。長年、軍隊に在って野営にも多くの経験を積んできた勇士だけに、その荷物は極めて簡単でありながら、充分、長い間の巡歴に堪え得る

だけの準備が整えてある。

丈雄はますます感動して、無言のまま、軍曹に優しく頭を下げて頷《うなず》くと、軍曹も非常に元気な声で、

「寒さだとか暑さだとか、軍隊で鍛え上げた身体には、決して恐《おそ》るるに足りません。それに、この事業が忠君愛国という、何よりも楽しいことに関しているのですから、如何なるものも、この荷車の向かう先を遮《さえぎ》り得るものはないと信じます」

と言って、その壮《さか》んなる意気を見せた。この赤銅のような腕をなでながら、大地をしっかと踏みしめる二本の健脚は、大日本の将来を担う軍人として、実に頼もしい姿であった。

丈雄はこのように質朴で立派な軍人にまで、我が真心が透徹してくれたかと思うと、しみじみと自分が幸福なものに考えさせられ、そして、その志す大事業に対しても、ひとしお深い情熱がほとばしるのであった。

この向井軍曹の赤誠は、ひとり丈雄を感激させたばかりでなく、これを伝え聞いた國學院の職員や生徒たちも大いに感動して、この壮んなる門出のために、有志を集めてその送別会まで開いたのであったが、間もなく、日清の宣戦布告となり、それとともに向井軍曹は栄えある召集に勇躍応召して、前線に出動することとなり、折角の巡遊は遂げずにしまったが、その雄図はいつまでも人の心に宿って、世人の語り草となり、色も香もある軍人精神の不滅の花を咲か

せていた。

その後、この向井軍曹は征野にあっても、その熱烈な愛国魂を発揮し、人後に落ちない勲功をたてたのであったが、間もなく名誉の負傷をして後送され、東京の陸軍病院に再起の日を待っていたのであるが、その後の消息を知る資料のないことは残念である。

この向井軍曹ばかりでなく、湯地丈雄がかつてまみえた幾万の精兵たちも、その講演に袖をしぼった将校たちも、かの元寇の役の忠勇義烈な祖先の姿をこうべに描きながら、撃たずば止まぬ日本男子の本領を発揮して、猛虎のごとく聖戦の山河を駆け巡ったことであろう。

啼《な》き破る半天《はんてん》の雲

丈雄は官位高禄のすべてを捨てて、自ら清貧孤高の竿頭《かんとう》に立ち、その妻子への愛情をすら、護国の二字に置きかえて、その起き伏しのつかの間も、常に祖国の安泰を祈り続けたのであったが、その丈雄にも、物に感じ景に触るれば、これを漢詩や和歌に托さねばやまぬ瀟洒《しょうしゃ》な文雅の精緻《せいち》をもっていた。

しかし丈雄は、いわゆる詩人でも歌人でもなかったのであるから、これを単に文学の上からだけ見たならば、あるいは高度な作品ということは出来ないかもしれない。しかし、この作品の中にひそんでいる脈々たる精神の真情は、凛然《りんぜん》と光りを発して犯すべからざる崇高なるものとなり、一唱二誦を重ねてゆけば、誰もいよいよ感興の深まりを覚えてくるものである。

白衣《はくい》の丹頂《たんちょう》　自ら群《むれ》を離れ
籠中《ろうちゅう》に　玉紋を啄《ついば》むを願わず
翔《か》けりて　九皐《きゅうこう》　幽遠の処に在り
一声　啼き破る　半天の雲

この白鶴を吟じた一首などは、その風韻といい格調といい、まことに得易からざる絶唱というべきものであろう。ことに、九皐幽遠の地にあって、一声よく半天の雲を啼き破るという境地は、自ら今の丈雄の境涯にも深く相通ずるものである。

また、

高潔　雲よりも白く
清芳　好きこと梅に似たり
誰か知らん　此の中の趣
寒月　窓に入りて来る

のごときは、一点の邪心もない高潔な精神と、寒寂なほど清澄な丈雄の面目をうかがい知ることが出来るのである。

しかし、丈雄はあくまでも単なる文人雅客ではなかった。

恰《あたか》も　文人墨客の内に似たり

揮毫《きごう》　日を尽して又た淹留《えんりゅう》し
書き来たる　元寇殉難の句
暗涙　縦横　紙に入りて浮かぶ

予《われ》　豈《あ》に風流文墨の　曹《ともがら》ならんや
偶《たま》ま　元寇に題して　揮毫を試み
ただ　志士仁人の　眼に教えて
共に　当年の忠烈　高きを仰がんのみ

かつて、ある人から揮毫を頼まれた時に吟じたこの七絶の二首が、それを充分に物語っている。

こうして、丈雄の詩歌を一つ一つ通覧して見ると、みなその感慨を直情的に表現したものが多く、しかも、技巧的というよりは精神的なもので、ことにその歌に至っては、いわゆる歌人の歌とは全く類を異にしており、かの道歌と称するものによく似た性格を持ったものである。

里ごとにいとど嬉しくかをれるは　人の心の花にぞありける

実るべき時は来ぬべし惜しげなく　散るこそ花の真《まこと》なるらめ

などがそれである。

しかし、ここに丈雄の詩歌を愛誦するものは、なにびとも、丈雄が花鳥風月の吟詠にもひとかどの堪能《たんのう》さを持っていることを知るであろう。もし、丈雄をして、老後の閑日月をその道に精進せしめたとしたら、その詩歌の道に於ても、必ずや人後に落ちぬ作品をものしていたにちがいない。

しかし、丈雄はそのようにして詩人になろうとか、歌人になろうとかというような考えを持ついとまがなかった。ただひたむきに、国家の将来についてだけ、思いを馳《は》せていたのである。そして、その憂国の日月にほとばしる火花のような情熱でだけ、詩歌を書き綴ったのであった。ゆえに、丈雄の詩歌はその一篇一首が、みな丈雄の血の一滴であり、肉の一片であったのである。創作したというようなものは、どこにも見ることは出来ない。止むに止まれず、その激越《げきえつ》した感情の火柱から飛び出た一塊の炎にほかならなかったのである。

丈雄は坐して名吟を生むよりも、決起して国憂を論じ、民心を警醒《けいせい》せねばならない急務をこそ、痛烈に感じていたのであった。そのゆえにこそ、閑日月の境涯を求めることなど、夢想することすら出来なかったのである。親を捨て、妻子を離別して維新の大業に敢然挺身し、志半

ばにして殉国の華と散った、平野国臣が詠じたかつての歌に、

君が代の安けかりせばかねてより　身は花守《はなもり》となりけんものを

というのがあるが、これはそのまま丈雄の心境にも通ずるものであろう。思うに、丈雄の詩歌は全くその「志を道《い》う」にとどまるもので、その生涯の一挙手一投足が、みな忠君護国のひと色にのみいろどられていたのであるから、その詩歌もまた、この謹厳な天地の中に正座し尽くしていたのは当然のことであろう。

超然《ちょうぜん》　来り浴す　故山の泉《せん》
心上　更らに一点の牽《ひ》かるる無し
落落たる吟懐　抑え得難く
溢《あふ》れて　雲水逸遊の篇を成すのみ

これは丈雄がその郷里であるところの、肥後の栃《とち》の木《き》温泉に入浴した時の即吟であるが、このような時の吟詠にすら、なおそこに雲水逸遊《うんすいいつゆう》以外の、志あるものの心情がそくそくとその句

間に刻まれていることを想えば、この短日の療養にも、丈雄の脳裏を去来し患《わずら》わすものは、その煙霞《えんか》のごとき痼疾《こしつ》ではなくして、凡人のかかり得ない光栄ある一種の忠君護国病ともいうべきものであったのである。

この丈雄の忠誠は、元寇紀念碑建設運動によって培われたものではなく、すでに、生れながらのものであったということを知る上に、ここにその一面目を物語る逸話を挿んでおこう。

明治五年五月二十三日、明治天皇におかせられては、畏くも中国筋御巡幸の途に就かせ給い、同日払暁宮城を御発輦なされ、濱御殿より端艇にて品川沖に渡らせられ、御召艦龍驤に乗御、午前八時四十分、日進、春日、筑波、孟春、雲揚、鳳翔の六隻を率いさせ給いて御発航、参議西郷隆盛、宮内卿徳大寺実則、海軍少輔川村純義など供奉し参らせ、鳥羽港に御上陸、伊勢神宮を御親拝あらせられてのち、大阪、京都に入らせ給い、畝傍《うねび》御陵に御拝あらせられ、小豆島、馬関、六連島、長崎、熊本の各地に鳳輦《ほうれん》を進めさせ給い、六月二十二日、鹿児島に行幸遊ばされた。

このような長途の御巡幸は、いまだかつて、日本の歴史にもそのたぐい稀《まれ》なる御事にて、各地方の民草は、その天壌無窮なる聖恩にひとしく感泣し、旭日まさに燦然と東天に輝きいでしを仰ぐ心地にて、いずれも無量の歓喜に奮えながら、謹んで畏き鳳輦を奉迎したのであった。

この時、丈雄は熊本県阿蘇郡の組戸長として、忠勤を励んでいたのであったが、御親政をしかれていまだ数年を出でざるうちに、はやくも、かかる辺陬《へんすう》にまで皇恩に浴し、西海のほとりにありながら、親しく鳳輦を拝し奉ることが出来るという光栄に感泣し、その栄えある佳日をひたすらに御待ち申し上げていたのであったが、御道筋の順序《しだい》で、丈雄の治下に、御輦の轍《あと》をとどめさせ給《たま》わざることになったのを、いかにも残念に思い、このことを供奉《ぐぶ》に侍《はべ》りおりしところの旧知の人まで伝えたところ、いわゆる至誠天に通ずというべきか、このこと畏くも天聴に達せしか、特に侍従を御派遣あらせられ、つぶさに郡状を視察せしめられたのであった。

丈雄は天恩の優渥《ゆうあく》なるに深く深く感激して、古今未曾有《みぞう》の大草刈鎌を謹製し、これを鹿児島の鶴丸城におわします行在所に奉って、以て治下の民がよく荒蕪を拓《ひら》き、荊棘《けいきょく》を芟《か》りて、忠良勤勉なる良臣民たるの意を表し奉ったのであった。

すると、陛下におかせられては、畏くも親しくこれを天覧遊ばされ、その志をめでさせ給うたとの御事である。

この天覧を給わりし忠義の大鎌は、その後、郡役所に無二の宝物として尊重し、秘蔵せられていたのであるが、丈雄はこの大鎌によって、再び奇しき面目を発揮したのであった。

この当時はいまだ民心ひらけず、そのいずこに足を踏み入れても、迷信というものが非常に多く、そのため、民間の事業開拓には少なからず支障をきたしていた。

この迷信に対する恐怖というものは、想像以上に根強く、識者の警告ぐらいでは少しも覚醒するということがなかった。特に、荒蕪《こうぶ》の地を伐《き》り拓《ひら》いて、開墾の事業を起こそうとするには、天狗の住む森だとか、荒神を祀った塚だとかいって、その祟《たた》りを恐れ、これに鎌や斧を入れると、疫病が流行するなどと手を下すものがなく、常に、障害の的となって郡政を妨げていたのであった。

そこで、丈雄はかの大鎌を奉持《ほうじ》して、

「これは畏くも天覧を賜わりし光輝ある大鎌であるから、この鎌には畏れ多くも大君の御聖徳が備り、天地広しといえども、如何なるものもこれにあだをなすことは出来ない。まして、国家のためになる開拓をなすのであるから、なにものか祟《たた》りをなすことがあろうか。さらばまず、これを以て斧始めをする」

と、恭《うやうや》しくこれを捧げて、まず第一に大木の枝を伐り落とし、

「さあ、みなさん、続いて斧を入れて下さい」

と、謹厳に声をかけると、一同はその声に励まされて昂然《こうぜん》と勇みたち、我も我もと進んで新地開拓の斧をふるった。

こうして丈雄が治下の迷信の森や林は、次々とこの大鎌によって伐《き》り拓《ひら》かれ、新しい耕地に種子を蒔く翁《おきな》の明るい微笑が、間もなくこの群落に充ち満ちたのであった。

かくして明治二十七年、果然、日清の開戦となるや、湯地丈雄の忠誠とその主唱するところの元寇の外患にめざめ、これを連想する幻灯の映出と、講話の依頼が各地より殺到して、その応答に遑《いとま》のないありさまであったが、同年十一月、広島なる大本営に伺候して、恭しく天機奉伺の書を奉呈し、皇族室に於て、元寇殉難史の幻灯を映写し奉り、これに関する御進講を奉った。たまたま、大本営に供奉《ぐぶ》奉仕していられた、時の宮内大臣土方久元伯、米田侍従、股野宮内省内事課長の三氏が、ある日、さまざまな話を交されているうちに、いつしか湯地丈雄のことに移った。すると土方伯は、

「湯地という男は治乱一貫して元寇の歴史を説き、士気を鼓吹するのを本務として、功を欲するでもなければ、また利を計るでもない、まことに清廉直実の士人であるが、どういう素性の男であろうか、全く不思議の人物である」

と、語り出されたので、もともと丈雄とは交際のあった米田侍従は、その生い立ちを知っていたので、

「湯地の厳父の丈右衛門という男は、もと細川侯に仕え、すこぶる気骨《きこつ》の逞《たくま》しい士人《もの》で、有名なる長岡監物、横井平四郎、元田永孚などという卓識者と同学であったということで、且つその母は賢夫人として世に知られた人であり、その家庭の人となったことであるから、自然、かかる世に珍しき忠君愛国の士となったのである」

と言われたので、土方伯も、股野課長も、ともに我が意を得たりと膝をたたいて、賢母あれば丈雄の如き高士が輩出したことは、決して偶然でなかったことを深く感銘したのであった。

実に、丈雄の母堂は世にたぐい少なき賢夫人であったのであるが、その祖母に至っては、「仮名論語」によってその名を天下にあまねく知られた不世出の名婦、湯地都尾子刀自《とじ》であって、その名婦、名母のたゆまざる薫陶こそ、今日の丈雄をあらしめた由縁にほかならないものであった。

軍歌一曲高し

膺《う》てや懲《こ》らせや支那兵を
彼等は正義の敵なるぞ
東洋平和の仇《あだ》なるぞ

これは、当時の清国の態度に対して憤激した、我が国民の間に高唱された歌の一節であるが、これは期せずして叫ばれた、東洋平和を愛する民族精神のほとばしりでもあった。

そして、遂に、正義日本を理解することなく、ますますその侵略の魔手を伸ばしてくる清国に対し、明治二十七年八月一日、畏くも、明治天皇におかせられては、帝国憲法の定むるところに拠《よ》り、また、万国公法の通則を履《ふ》み、国民の総意を御納察遊ばされた一大御勇断によって、宣戦の御詔勅を渙発《かんぱつ》あらせ給うたのであった。

聖旨を拝した国民の愛国熱はいよいよその頂点に達した。軍籍にあるものはその栄ある召集令を待って腕を撫で、軍籍にない者は義勇兵として出征を願う者数知れず、中には、業務を廃して、はやくも軍事訓練を願い出るというありさまであった。はや、燃えさかる国民の愛国心は、何ものをも灼《や》き尽くさねばすまぬ最高度の火の一丸と化したのである。

そして、更に、国民を感激せしめたのは、広島第五師団に鳳輦を進め給い、ここに、大本営を御進めあらせられたことである。時に、明治三十七年九月十五日であった。

この日、我が陸軍の精鋭は、清国の大軍を平壌に包囲して、各方面から獅子奮迅の勢いで攻め寄せていたのである。中にも、元山枝隊の一手は、名にしおう佐藤鬼大佐の指揮のもとに、天険を越え、飢餓《きが》を凌《しの》いで、直ちに平壌の背後を衝き、青龍刀を振るって立ち向かう清兵を、まるで雑草を薙《な》ぎたてるような勢いでうちまくり、息もつかせず平壌の城壁に迫り、箕子陵《きしりょう》付近の松林に兵をまとめて、いまや一気に敵の根拠地を屠《ほふ》ろうとして猛撃した。

しかし、清兵も必死になって防戦し、堅固に築きあげられた城壁に拠って、大小砲の弾丸を間断なく浴びせかけてくる。その防禦砲火のすさまじさは、迅雷急霰《じんらいきゅうさん》の如くで、濛々《もうもう》たる砲煙と炸裂《さくれつ》する土塊は一寸先も見えないありさまである。

こうした必死の攻防戦が暫《しばら》く続くうちに、日もようやく暮れんとし、折も折、沛然として降り出した豪雨は篠を乱して大地にそそぎ、ために、天地は暗澹《あんたん》として凄壮の極に達した。さすがに勇猛なる日本兵も、疲労の色は戎衣《じゅうい》に深く刻まれて、少しく戦闘力がひるんで見えた一刹那であった。突如として、

四百余州をこぞる
十万余騎の敵
国難ここに見る
弘安四年夏の頃
何ぞ恐れん我に

と、一曲の軍歌が朗々として歌い出されたのであった。

全軍の士卒はたちまち銃剣をうちたたきながら、これに唱和し猛然たる風雨も辟易《へきえき》するばかりに、声を高めて合唱した。

すると、次第に勇気が漲《みなぎ》ってきて、四肢《しこ》に満ちていた疲労は洗われ、肉体の中心から沸き上る新しい力が全身にあふれ、一曲は一曲よりもなお高く、彼方平壌の城門もはじけ飛ぶかと思われるばかりの雄叫《おたけ》びとなって、山野に響き渡った。この叫音とともに、ますますもって猛烈となった皇軍の闘志に、さすが城内の清軍もすっかり意気消沈して、全軍ともに戦意を失い、主将はまっ先に身をもって遁走《とんそう》してしまった。

この威霊《いれい》ある一曲、元寇の歌こそは、全く湯地丈雄の赤心から生れ出たものというべきで、かつて、明治十九年、丈雄が忠君護国の大精神を喚び起すべく、元寇の歴史を説き、その紀念碑建設を提唱して起つや、これに感動し共鳴して出来たのが、実にこの軍歌だったのである。日清の野戦にある多くの皇軍将士が、この軍歌を高唱しながら、互いに士気を鼓舞しあい、連戦連勝、さながら猛虎が群羊を追う勢いで攻め進んでいると聞き、丈雄はひそかに喜びに堪えぬものがあったのであろう、左の一詩に、その自らの感懐をたくしている。

東奔西走して　独り叫号す
世人は相見て　徒労を笑う
回想す　十歳　経過の跡
唯《た》だ有り　軍歌　一曲高し

丈雄は辛苦艱難のうちに過ぎた十年を顧みて、そこには、ただこの軍歌一曲だけが歌われているに過ぎないという寂寞を感じたかもしれないが、この軍歌一曲を歌われることだけでも、丈雄の志の一端は貫徹されたといえるのである。これを唱えて、陸海の健児は四百余州をこぞった大清国の兵を破砕し続けているのである。

また、十年の後には、再び、我が皇軍の精鋭がこの軍歌を唱いながら露国の侵略をくじき、特に、海軍の将士は、後日、丈雄の首唱によって完成する護国の豊碑の前に、露国の大艦隊を殲滅《せんめつ》して、神州の正気を宇内《うだい》に輝かせたのである。想えば、誰か丈雄の労を笑うことが出来よう。

明治二十七年、征清の軍ますます進撃すと聞き、丈雄は昂然として左の一詩を賦した。

軍歌　四百余州の曲
是れ　我が人心　一致の声
天、斯《こ》の時を以て　皇運を佑《たす》く
旭旗　風に翻《ひるがえ》る　北京の城

この日清戦争が最もたけなわであった明治二十七年の冬には、丈雄は一人、征清軍が発してゆく広島にとどまって、人間の力とは思われぬほど、寝食を忘れて国民の士気昂揚に努めていたのであった。

この頃、すでに東京に移り住んでいた家族の人々は、貧しい中からあらゆるものを金に替えて、丈雄の奔走費に供えていたのであるが、その家族の困苦もまた実に、深刻をきわめたものであった。これを知った丈雄の心事は、ただ断腸の二字のみが、わずかにこれを尽くし得るものである。この時の感懐を吟じたものが左の一詩である。

妻は病床に臥して　将《まさ》に年越えんとす
信書　尚《な》お只だ平安を報ぜども
他人は報を為す　家庭の事
又た敝衣を典して　薬銭を贈る

また、その頃の歌に、

故郷《ふるさと》は我をおそしと待ちぬらん　今年も旅にゆきくらしけり
妻子等を思ふにまして妻子等は　おのが衣をぬぎて贈れり
旅枕いかにさむしと妻子等が　厚きころもを贈りけるかな

とあることによっても、その悲壮なる姿を偲《しの》ぶことが出来よう。

こうして、日清戦争の発展とともに、懐かしい家庭に病む妻をも顧みる遑《いとま》なく、丈雄は、ますます豊碑建設の大業に向って、その精魂を傾けると同時に、銃後国民の奮励を促して、旅から旅への行脚を続けていった。

護国の油絵由来

明治二十八年、日清戦争は早くも皇軍の大勝利に帰し、清国の降伏は最早決定的のものとなり、時間の問題となった。

すると、勝利に酔った人心は懈怠《けだい》し、同時に、国民一般にわたって驕慢《きょうまん》の気が萌《きざ》し始めてきたので、丈雄はこれではいけない、何とかして民心を作興《さっこう》するため、一日も早く豊碑建設を成し遂げなければならないと思ったので、早速、九州に渡り福岡に赴いた。

今まで、幻灯を映して講演することは、大いに成果を挙げていたのであるが、幻灯は夜だけしか用いることが出来ないので、昼間は非常に不便を感じていた。そこで、昼間の講演に用いられる油絵があったらどんなにか便利だろうと思い、その油絵の画家を求めて、故郷の土を踏んだのであった。

この丈雄の旅宿をひょっこり尋ねてきたのは、意外にも、当時油絵の名筆を以て知られた矢《や》田一嘯《だいっしょう》であった。丈雄が意外に思うのも無理はない。矢田一嘯こそは、丈雄の生れ故郷熊本にあって、丈雄を常に誹謗《ひぼう》して歩き、その仕事の邪魔《じゃま》をしていた一人の怨敵《おんてき》ともいうべき人だったからである。

矢田一嘯は生粋《きっすい》の神田っ子でなかなかの快男子であったのだが、熊本にいた頃は、何故か丈雄を敵視していた。それは、熊本が政治的党派の相争っていた頃でもあったので、何か、その党派関係からの策動であったのかも知れない。

一嘯は、明治初年の頃、外国船のよく入って来る横浜や長崎のような港にあって、外人の似顔描きをしていたのであったが、彼の画筆が非常に優れていたので、ある時、四人の同僚とともに雇われて、アメリカに渡ることになった。

その頃、アメリカにいる日本人の画家というものは非常に少なかったので、珍らしいもの好きのアメリカ人の中で、たちまち評判となり、その巧みな毛筆の似顔絵や雅味豊かな水彩の風景画などは好評を博したばかりでなく、いたるところで大歓迎をうけ、あげくの果ては、商店の飾窓《ショーウインドウ》の中で即席揮毫《きごう》をやらされることになった。すると、一緒に行った四人の同僚は、ころよくこれを引受け、飾窓の中に入って注文通りの絵を描いていたが、矢田一嘯だけはどうしてもこれを肯じない。そして、あくまでもうるさく頼んでくると、

「俺は絵かきである、絵なら何枚でも描くが見世物じゃないから、飾窓に入るのは絶対に断る」

と激怒して、断然、これを断ってしまった。

その後、彼はアメリカで油絵の研究をして日本へ帰って来た。

ちょうどその頃、日本ではパノラマが流行し始めた時で、上野にパノラマ館が出来かけてい

た。そこで、アメリカで本物のパノラマを見て来た矢田氏なら、良いパノラマが描けるだろうといって、一嘯にそのパノラマを描いてもらうことになった。

ところが、これと前後して、浅草にパノラマ館を作ろうという計画が進んでいた。そしてこの方では、アメリカから直接、向う出来の「南北戦争」などのパノラマを取り寄せてやろうという話になっていた。

これを聞いた一嘯は、―向う出来のパノラマなどに魁《さきがけ》されてたまるか―といって、徹夜して「白河の戦争」のパノラマを描き上げたのであった。矢田一嘯は日本のパノラマに先鞭《せんべん》をつけた、第一人者のわけである。

その後、東京だけでなく、各地にパノラマ熱が次第に盛んになってきたので、彼は雇われて九州に下り、熊本にあって「十年戦争」のパノラマを描いていた。

丈雄が熊本にあって講演して歩いたのも、ちょうどその頃だったのである。そして、一嘯は何故か、丈雄の行く先々でその逆宣伝をして、事業の邪魔をしていたのであった。

一嘯の画筆も有名であるが、同時に、彼は乱暴者としてもその名が高かった。前に、横浜にいた当時、腕はよし、金は入るしという訳で、伊勢崎町で一杯呑んで、何に憤慨したのか、娼家の行灯を片っぱしから拳固でぶち壊して歩いたというような話も残っている。

この矢田一嘯が、熊本の鎮西館で行った丈雄の講演を聞いて、すっかり感激してしまったのである。今まで、彼は丈雄を誤解していたのである。いま初めて、その風貌に接し、その熱烈なる講演を聞いて、奮然と悔悟《かいご》の情に瞼をしばたたいたのであった。金儲けや名誉心から講演して歩いているのではなく、全くの精神的なものであり、愛国精神のほとばしり出たものであることを識《し》ったのである。

福岡にいた丈雄を尋ねる機会を得たのは、それから約半年の後のことである。そして、びっくりしたような表情で両髯をしごきながら、端座している丈雄の前に手をつかえて、

「私は元寇の油絵が描きたくて尋ねて来ました。描かせて下さい、どうか描かせて下さい」

と言うのであった。

「俺には金がないからな」

と、無表情のまま丈雄が言うと、

「無報酬で描かせて貰いたい。貴方《あなた》だって、無報酬で講演をして歩いていられるじゃありませんか、そんな人からお金をもらうことが出来ますか、私も日本人です、描かせて下さい、頼みます」

丈雄はかつての日の怨みも忘れて、あやうく涙が出そうになった。その涙を辛うじて耐えながら、

「そうか、そういう意気で描いてくれるなら、俺《わし》も喜んで頼む」

と、言葉短かに言って、千万無量の憶いを、かつては帯剣を握ったその逞《たくま》しい掌《てのひら》に込めて、一嘯の前へ静かに差し出した。

一嘯はその手を固く握って、何度も何度も無言のままに頷《うなず》いた。

やがて、軽い財布をたたいて、早速、手頃の家を一軒借りると、そこを画室となし、絵具や材料もようやく整えることが出来たので、早速、仕事にとりかかってもらうことになった。ところがどうしたことか、一嘯はなかなか絵を描かない。十日経っても、二十日経っても、さっぱり筆をとっている様子も見えないし、時折り尋ねて行っても、画室は締め切りになっていて、留守にばかりしている。これは少し様子がおかしいと思ったが、それでも、丈雄はあの握手した時の真剣な一嘯の眼色を思い出して、塵ほども疑いを持とうとはしなかった。あの火の出るような瞳の色は、決して生やさしいものではない、命をかけたものであると、丈雄はその時、見てとったのである。

その丈雄の眼光に狂いはなかった。ひとたび、丈雄の赤誠を知り、豁然《かつぜん》として悟った一嘯は、男の生涯を賭しても丈雄の事業を援《たす》けようと決心したのである。昨日までの宿敵は、今日の親友となったのである。まして一嘯とて稀代《きだい》の快男子である。ひとたび起てば、その熱烈な情熱はさながら狂人のように猛りたって、彼は黙々と元寇反撃の大油絵の執筆に向っていたのである。

しかし、一嘯ほどの画人にも、どうしても、かの大暴風雨に暴れ狂う怒濤《どとう》の海のありさまが、実感として沸き上がってこない。この実感を把握することが、元寇反撃画の基礎であるので、彼は何とかしてこの怒濤の実感を得たいと、日夜苦心を重ねていた。そして、時には玄界灘の荒波に一人小舟をあやつって、往年、元賊の屈辱を蒙った壱岐対馬の孤島にまでたどりゆき、その草むらに露宿を重ねたり、あるいは各地の古戦場を尋ね巡って、その沿岸の風の囁《ささや》きにも、何か往時の惨害のありさまを汲《く》みとろうとした。こうして、一冊のスケッチブックを下げたまま、一嘯は身も魂も打ち込んで、危険をおかし、艱難に堪えながら、その実地踏査を続けていたのであった。

そして、あの日から一月半ほど過ぎたある夜のことである。夏になると、いつものように博多方面を襲う猛烈な嵐が起った。旅宿にあった丈雄は、あまりに嵐がひどかったので、一嘯はどうしているだろうと心配して、夜の明けるのを待ち、彼の画室を尋ねて行った。すると、彼はまたそこにいない。いったいあの大嵐の中を何処に行ったのであろう、いずれは帰ってくるであろうから、暫く待ってみようと思って、埃の多い画室に腰をおろし、ぽつねんと辺りを眺めながら待っていた。実に閑寂《かんじゃく》たる画室である。何日も掃除さえしていないらしく、全て散乱したままになっている。

丈雄はふと、東京に病み疲れている愛妻の上に憶いを馳《は》せた。―女が病み疲れておったなら、さぞかし家の中も乱雑になり、生活も窮乏を極めていることであろう―と、まざまざと艱難辛苦に喘《あえ》いでいるありさまが想い浮かんで来た。これではならぬと、頭を二、三度横にうち振ってみたが、その幻影はなかなか去らない。丈雄は思わず、はあーっ、と長い溜息《ためいき》を洩《も》らした。するとそこへ、一嘯がにこにこと喜びを顔一杯に表しながら帰ってきた。そして、丈雄が何も言わないうちに、

「先生っ、出来ました。出来ました。一月半の苦労が酬いられて、やっと元寇の油絵が描けるようになりました」

と言いながら、丈雄の膝に崩れるように手をついて、喜びの涙を流した。丈雄は何が何だかさっぱりわからない。どぎまぎしながら一嘯の肩に手をかけて、

「一体どうしたというんです」

と言葉をかけると、一嘯は一人で胸が一杯になって仕方ないのをやっと耐えながら、

「先生、私は元寇反撃当時の海がどうしても描けなくて、一月半も海をさまよっていたんです。ところが、昨夜の嵐のために、やっとあの暴れ狂う怒濤《どとう》の実感を得ることが出来たんです…」

「そうだったか」

「私はゆうべ、那珂川口の旧御台場の煙硝倉《えんしょうぐら》の中に、一晩中籠《こ》もって荒れ狂う玄界灘を睨《にら》んでいたんです。そうです、あの海の荒れ方こそ、元寇反撃の時の海神の怒りだったんです。荒れ狂う海の姿は、さながら天地の神の怒り叫ぶ姿のようでもあります。日本を守る神様を見た

ような気持がしました。もう大丈夫です、これからすぐに描き始めます」

一嘯は感激に唇が震えていた。丈雄もひとしお深く一嘯の情熱に頭を垂れた。

こうして、第一番に出来上がったのが、「元軍覆滅」の油絵で、縦七尺、横九尺の大作である。

もともと、矢田一嘯は日本画家としては、人物画家、尊皇画家として有名な菊池容齋の流れを汲んでいたので、武者絵などは実に巧みだったのである。そして、常日頃から、絵を描くなら、結局、歴史画を描くべきであると思い、また、それには後世までも残るような歴史画を描きたいというのが、彼の絶えざる念願でもあった。その彼が、今や元寇という大画材と取り組んだのであるから、その創作欲も常人の想像の及ぶところのものではなかったのである。

彼は「元軍覆滅」以後は、非常な能力を傾けて、これと同じ大きさの油絵を毎月一枚平均に描き上げて、遂に十四枚の大作を成したのである。

この間、丈雄も貧乏なら、一嘯もそれに劣らぬ貧困を極めていたのであるから、丈雄は病妻が自分や愛児の衣裳まで金に換えて送ってくるのを、涙を秘めて、それで絵具を買え、米を買え、味噌を買えといった具合にして、これを完成させたのである。この油絵こそ、丈雄一家の血と肉と、一嘯の生命を賭けた赤誠とによって描かれたものであると言わねばなるまい。

そしてこの名画は、後年丈雄とともに各地を巡り、その土に生きる人心の脳裏に、深く護国の大精神を培ったもので、しばしば、畏れ多くも、皇太子殿下をはじめ奉り、各内親王殿下の御上覧をも賜わり、朝野の貴顕、名士をして粛然として襟《えり》を正さしめ、また、各地の児童、少年をして澎湃《ほうはい》と感奮して志を立たしめたことは、実に、偉人傑士の雄弁名論よりも勝れたものであるが、それもこれも、みなかの一大辛苦の結晶であることを思えば決して偶然ではない。

矢田一嘯は、この大傑作の成就をもって、ますます護国の意気に燃え、愛する妻を親戚に託して、決然と丈雄に従い、その後数年の間、我が身の腹の肥えるのを希わず、ひたすら寝食を忘れて、丈雄の事業に一身を献げたのであった。

今、この元寇の油絵の一部が、桜咲く宮、軍神の瞑《ねむ》る靖国神社のかたほとり、遊就館の一室に納められてあるが、もしこの名画を尋ね得る光栄ある同胞は、乞う、かの日尽くされた丈雄や一嘯の辛苦に憶いを巡らし、一掬《いっきく》の感謝を捧げられんことを。

竹崎季長顕彰

文永十一年の役と弘安四年の役とに出陣して、陸に、また海に、竹崎季長《たけさきすえなが》の出ては帰らぬ丈夫《ますらお》振りは、その勲《いさお》しとともに当時の武将の精華であった。また、その著「蒙古襲来の絵巻物」は、明治末年の頃、つとに宮内省のお買い上げとなり、千古の逸品として秘蔵されたものである。

肥後の国益城郡の海東村に、この竹崎季長の開基《かいき》だと伝えられる塔福寺という古刹が、昔ながらの木立に囲まれていた。丈雄は、この先輩の古刹《こさつ》を機あらば尋ねてみたいと、秘かに思っていたのであったが、明治二十八年の秋、ちょうどこの隣村まで講演に巡って来た丈雄は、これをよい機会にして、その古刹を尋ねて行った。

そして、その寺に長い間保存されていたいろいろの宝物を見せてもらうと、確かに、それは季長など元寇襲来当時の英雄に関係あるものであることがわかったので、このような尊い宝物をただ埋れるままの姿で置くのはよくないと、寺僧や村民に話をすると、季長という人がどのような方であるかさえ知らなかった村人たちは、大変済まないことでもしたかのように恐縮して、早速、何とか適当な方法をとりたいという様子を見せた。

そこで、丈雄はこれほど由緒の深い物がこの寺にある以上、季長公の墳墓も確かにこの付近にあるに違いない、何とかしてこれを捜し出して、その英霊を慰めてやりたいと村人たちに諮《はか》った。村人たちもすぐに賛成してくれたので、それから一同とともに、八方へ手をわけて捜索すると、一人の村民が丈雄のもとへ駈け戻って来て、この寺から半里ほど離れた草むらの中から、一つの古墳を発見したことを報せてきた。

丈雄をはじめ、村の有志や多くの村人たちがその地に行って見ると、少し小高い丘の上に、雑草が生え乱れている中に、ひともとの朽ち果てた古墳があった。その丘の北から南へ枝をさしのべた二、三の松の梢には、かすかに竪琴をかき鳴らすかと思われるほどの秋風が籠って、幾年かの風雨にさらされた碑《いしぶみ》の崩れようも、揺れる芒《すすき》の穂波とともに、限りない寂寥の影をとどめ、いかにも由緒ありげに見えた。なおも、丹念に辺りを調べて見ると、その古墳の前に、少し新しい小さな石碑を建て、南無阿弥陀仏と刻まれてあるのがわかった。

丈雄は村民の手を借りて、この腰の辺りまでも生え茂る雑草を刈り払い、その丘の周囲をくまなく巡って調べると、更にまた、瘵垣《やれがき》の石柱と思える朽ち石が三個ほど土中に横たわっているのを発見した。

その一つには、

天保二辛卯年正月二十三日

平原別家竹崎城主

と刻まれてあり、他の一つには、

末永（季長）公之尊墓廃

不祭七十四年矣

とあり、最後のものには、

尊霊是故イ垣奉寄

進　喜三右衛門

の字体を、かすかに読みとることが出来たので、これは季長の墳墓であったのが、その廃《すた》れた様を嘆いた喜三右衛門という人が、天保年中に、これをねんごろに供養して建立された石碑であるに違いないということがわかった。

弘安の役以来、年を経ること幾春秋、その間には、国内にも戦乱は絶えぬほどあり、九州地方にもまた幾多の戦乱を見たが、一人、竹崎季長の墳墓のみがその痕跡を僅《わず》かに遺《のこ》していて、明治の秋《とき》となり、これが元寇紀念碑建設の主唱者たる湯地丈雄の手に、再び発見されたということは、まことに奇《く》しき因縁である。

この奇蹟《きせき》中の奇蹟ともいうべき季長碑の発掘によって、村民は、我が村にかくも尊い忠節武勇の士の墳墓があったことを大いに喜び、またそれとは知らず、かつては草の繁茂するまま、風雪のもとに荒廃を重ねさせていたことを、しみじみと済まないことに思って、その後は、厚くこの古墳を追慕敬仰し、年ごとに祭祀を行ってその追善と供養をなすことになったのである。

一人淋しく地下に瞑《めい》すること六百年余り、竹崎季長は、こうした丈雄の偉人崇拝の真心によって、再び、明るい天日の恵みと、英魂甦《よみがえ》る香煙と、風香ばしき花束とを受けることが出来るようになったのである。

水雷艇幼年号

明治二十八年四月二十三日

この日は、当時の国民同胞が千古に忘れることの出来ない感激の日である。全日本を挙げて戦いとった栄光の日である。この日こそ、日清の講和条約が批准され、平和克服の御詔勅が発布なされたのである。戦勝の喜びを謳歌する国民の歓呼の声は、山野を覆い、全日本の津々浦々にみなぎる感激は嵐のように沸き立っていた。

その時である。突如として叩きつけられたのは、かの「三国干渉」であった。日本が戦勝の結果、清国から割譲された、遼東半島を領することは、東洋平和に害があるから、速やかに還付せよという露、仏、独の強硬なる申し入れである。

戦勝の喜びに酔っていたのも束の間、あわただしい号外の鈴の音がひとしきり鳴り響くと、町も村も、顔面を蒼白に引きつらせ、歯をくいしばる人々の悲憤の血涙に満ちた。中には、声を限りに慷慨《こうがい》の叫びを上げる者もあった。

遼東半島は同胞の血を濺《そそ》いで購《あが》ない得たるものである。国民はみな肉弾となっても、この干渉は絶対に排撃せよと、必死を期した国民の痛憤が全日本にひしめきたった。

しかし、戦後の日本は哀しいかな、この時、世界の三大国を一どきに敵として戦うだけの余力はなかった。同胞の血を流した遼東の野も、山も、川も、この三国の一片の通告によって還付しなければならなかった。ああ、何という大きな屈辱であったろうか。全国民は互いに相い抱きあって血涙をしぼり、万斛《ばんこく》の怨みを呑んでこの屈辱を忍んだのである。

丈雄も泣いた。気も狂わんばかりに悲憤慷慨し、天を仰いで号泣した。そして、神戸港頭には、七千トンに余る鋼鉄の巨躯を横づけにして、その誇らしげなる大軍艦旗を檣頭《しょうとう》高く靡《なび》かせていた、かのアドミラル・ナヒモフ号以下数隻の露艦と、その無言の威嚇《いかく》をいつまでも肝に銘じて忘れなかった。

「三国干渉」こそは、日本の将来に対する一大警報である。日清の平和は克服された。しかし、これをもって東洋永遠の平和と考えることは出来ない。この「三国干渉」の後に来るものは何か、近き将来に於て、必ずや、東洋の平和を確保するための戦いが、この「三国干渉」を指導した国家との間に交えられるに至るであろう。と、丈雄は、露国と早かれ遅かれ、交戦を避け得ないものと考えた。そして、ますます元寇紀念碑建設の意義が重大になってくるのを感じたのであったが、それと同時に、丈雄の脳裏を去来するのは、かの日、日本の山々や家々に無言の威嚇を浴びせかけていた、アドミラル・ナヒモフ号以下の巨艦の姿である。

そして、あれをやっつけるのには、水雷艇が多量になくてはならぬ。水雷艇こそ日本海軍の華である。水雷艇の献納運動を起すのは今だ、今こそ一隻でも多くの水雷艇を必要とする秋である、と、その建艦の急務を痛切に考え始めた。

この水雷艇が日本海軍の華と謳われるようになったのは、日清戦争のさなか、威海衛《いかいえ》の海戦が行われた時からである。この威海衛には、清国の水師、名提督丁汝昌が、その要害堅固な軍港に立て籠って防戦していて、なかなか容易には陥落しなかった。軍港の入口には、極めて堅固な防備材が横たえてあって、我が水雷艇の進入を遮断した。しかし、我が海軍の精鋭は幾度となく勇猛果敢な突入を試み、連日連夜の苦心の結果、遂に一つの突入路を発見し、明治二十八年二月八日の夜から、二晩続けて港内に進入し、清国海軍の誇りとする七千トンの巨艦、定遠、来遠、そのほか二、三の巨艦に水雷を発射してこれを轟沈《ごうちん》せしめたのであった。

この威海衛の惨敗によって、清国は間もなく、和を乞うの結果ともなったのであるが、この一戦に示された水雷艇の威力は、たちまち全国民の賞賛の的となり、日本海軍の花形と呼ばれ、世界の国々まで等しく感嘆の声を放ったのであった。

明治二十八年も秋風梢を鳴らすという十月、筑前の博多港に滞在していた丈雄は、ある日海岸に出て、絶えず押し寄せてくる波がしらを見つめながら、暫く海洋の守りについて想い巡らしていると、今しも二隻の水雷艇が旭日の海軍旗を翩翻《へんぽん》と翻《ひるがえ》して、勇ましく入港して来た。

日清の役には、多くの海戦に輝く勲功を立てたその水雷艇を目の当たりに見て、戦勝の感謝を捧げようと、老人も子どももみなわれ先にと海岸に駆けつけて来て、「万歳、万歳」を連呼しながら手を打ったり、躍り上ったりして歓迎していた。中には、手製の日の丸や軍艦旗を押し立てて、熱狂したように万歳を唱えながら海岸を駆け巡っている小学生の一群があった。

丈雄はこの様子を見て、腹の底から込み上げてくる微笑をその両頬にのびている針のような髯の中に刻んで、その児童たちの頼もしい姿を眺めていたのであったが、やがてその一群が近づいてくると、一同を呼びとめて、

「どうだ、お前たちはあの水雷艇に乗って見たくはないか」

と話しかけた。

すると、子どもたちは、びっくりしたように眼を丸くして互いに顔を見合せた。

「乗りたいと思うなら、早く大きくなって海軍の軍人さんになるんだ。それには、今からうんと勉強して、第一に身体を丈夫にし、第二に品行《ひんこう》を正しくして、他人《ひと》の模範になるくらいでなくてはならない」

と、丈雄は我が子にものを言うように、温顔に微笑をたたえて話しかけるので、子どもたちも童顔を輝かせ、一足ずつ丈雄を囲んだ輪を縮めながら聴き入っている。

丈雄は寄り添うくらいに近寄ってきた子どもたちの頭を、一人一人愛撫してやりながら、

「どうだ、お前たちもひとつ水雷艇を造って見たくないか」

と言って、みんなの顔を見回した。

子どもたちは驚いて丈雄の顔を見上げた。あんな立派な水雷艇が、自分たちのような子どもにも造れるのかしらと、思ったのである。丈雄は子どもたちの怪訝《けげん》な顔を見て、

「お前たちも水雷艇に乗って、敵の大きな軍艦を打ち沈めてみたいだろう、海軍士官は威勢がいいなあ」

と言うと、子どもたちはますます肩をいからせて眉をつり上げ、小さな拳を固めて力みかえっている。この純朴で真剣な子どもたちの眼《まな》ざしに、丈雄は非常な喜びを感じ、この眼こそ将来の日本を背負って立つ姿だと、心ひそかに思った。

「海軍の軍人になるのは大いに良いが、しかし、誰もかれもみんな軍人になるわけにはいかない。百姓をするものも、商業をするものも、魚をとったり鯨をとったり、いろいろなことをするものが、日本の国を強くするのだから、全部が軍人になってしまっても困るんだね。しかし、あんな水雷艇を造ることなら誰にでも出来るんだ」

子どもたちは半ば納得したような、まだわけがわからぬような、いとも不思議な面持ちで頷《うなず》き合っている。

「どうだ、みんなでひとつ立派な水雷艇を造ろうではないか」

小さな頭は、いっせいに港の方に碇泊している水雷艇を見た。そして、再び丈雄の顔を見上

げ、艇と顔とをしげしげと見比べていたが、やがて誰からともなく、

「子どもにも出来るんかなあ…」

と、囁《ささや》き合う声が起った。

丈雄はすかさずその言葉をとらえて、

「それはお前たちにも、心がけ次第で造作もなく出来ることなんだ」

と励ました。すると、一同は暫く小首を傾《かし》げて考えにふけっていたが、

「駄目です、お金が沢山いるのですから、とても駄目です。僕たちはお金がないんです」

と、誰かが叫んだ。丈雄はその子どもに優しい微笑を送りながら、

「お金はもちろん沢山いるさ、しかし、お前たちが少しずつお小使いを倹約して、そのお金を出し合い、それを貯めてゆくうちに、思いもよらぬほどの沢山なお金になるんだ。それで軍艦はわけなく出来上がる。お前たちは、毎日お母さんからお小使いを貰って、飴やお菓子を買って食べているだろう。いや、隠したって駄目だよ、おじさんはちゃんと知っているんだ。なあ、買って食べているに相違なかろう。そのお金を月に一銭ずつでよい、みんなで心を合わせて貯めてみろ、僅かのうちに、きっと立派な水雷艇が出来上がるのだ」

すると、子どもたちはいちように喜びと希望の色に輝きながら、手を叩《たた》き合って、

「月に一銭ずつならわけはない、すぐに出します」

「僕も出します」

「僕も」

「僕も」

みんな元気に声を合わせて叫んだ。そして、早くも自分の懐中を探ってお金をさし出そうとする者がある。丈雄はそれを制しながら、

「いや、豪気豪気、その気持があれば必ず艦は出来上る。それでは、その手始めとして、明日、私のところへみんな一銭ずつを持って集まりなさい。そしてゆっくり相談することにしよう」

春駒のように勇みたつ子どもたちと固く約束して、その日はこれで別れたが、翌日になると、三十人余りの子どもたちは手に手に一銭ずつを携えて、丈雄のもとに尋ねて来た。朝から愉しみに待っていた丈雄も、つき上げてくる喜びを包みきれず、

「ありがとう、ありがとう、よく来てくれたね」

と言って、代わる代わるその頭を撫《な》で回した。

そして、すぐに一同を連れて郵便局に行き、局長に会って事の委細を話すと、局長も子どもたちの熱心さにすっかり感激して、すぐに郵便貯金帳を作り、一銭ずつの印紙を貼って渡してくれた。

これがその後全国的に広まった印紙をもってする一銭貯金の初めであり、護国幼年会の起源

である。丈雄は、このことに深く自信を得て、これならば日本全国の児童に勧めて、この一銭貯金をなさしめ、水雷艇幼年号を造ることが出来ると確信した。

そこで、まずこの幼ない赤誠の一団に対して、自分が今熱心に唱導している元寇紀念碑も、またこの幼年号献納のことも、みな国を護るという心の源《みなもと》から出たものであることを説いて聞かせ、いつまでも、その心がけを忘れてはならないと話しをすると、子どもたちも、今こそはっきりと護国の二字に目覚めたかのように気負い立ち、月々一銭ずつの貯金は、如何なることがあっても、永久に怠らないという約束を固め合った。

そして、この三十余名をもって、「護国幼年会」また別の名を「一銭社」という団体を組織して、この美しい企てを続けていったのである。

この博多の児童によってさきがけされた献艦運動の美挙は、たちまちその噂を全国に広めて、これに続いて起る各地の護国幼年会は無数であった。そこで、丈雄は「護国幼年会」という中央団体を設けて、これを統一し、なおも熱心に各地を巡るごとにその主張を続け、やがて会員は殆ど全国に散在するまでになった。

丈雄はこの児童貯金の有様を公明にするため、当局者と交渉して、その全部が一定の額になるまで郵便局に預け、やがて一定金額に達した時は、郵便局から大蔵省の手を経て、海軍省経理局に保管を依頼し、その間は一銭一厘も手数料などかからぬように、取りはからってもらい、この尊い児童の赤心はそのままそっくり、水雷艇建造の費用にのみ用いられるような仕組みにしたのであった。

しかし、この事業の前途はなかなか遼遠《りょうえん》なるものがあった。もしその時、全国四百万の児童がいっせいに月一銭ずつの貯金をするならば、この水雷艇は五ヶ月をもって一隻出来上がるわけであったが、さすがの丈雄も、一人でそこまで徹底させるべき手段と宣伝を行うのには、余りに時間が少なかったのであった。この一銭貯金は、明治三十八年頃に六千円となり、大正二年には一万円になったが、遂に、水雷艇の建造を見ることが出来ず、丈雄は卒したのである。

その後、長男の敬吾が亡父の遺志を継いで、この献艦の事業を完成させようとしたのであったが、敬吾は既に、時の政府から重大な任務を与えられて、遠く故国を離れていたので、その志も成らず、赤誠の一万円は、ながらく郵便局に預けられたままになっていたが、かの大正十二年の大震災によって、当時、利子記入書換のために通帳を預けていた郵便局は全焼し、あたら児童の熱血をそそいだ二万円の貯金通帳は、台帳ともに灰塵《かいじん》に帰してしまった。

しかし、赤心の一万円は決して滅し去ったものではない。その通帳の焼失に依り、通帳書換期間を逸して、その金は児童の手にも、湯地家にも永久に戻らぬものとなったが、それは立派に国庫編入となり、たとえ幾分でも国を富ませたばかりでなく、児童の貯蓄心を培い、愛国の心を養ったことは、幾百万の金にも勝る大きな遺産にほかならないであろう。

水雷艇幼年号が完成しなかったことは、丈雄にとってどんなにか悲しいことであった。また、これに力を合せた児童の心を思うと、断腸の思いもしたが、しかし、この真心の種子はやがて必ず芽を萌《きざ》してくる日のあることを信じて、静かに眼を閉じたのであった。

《折りにふれて》

あめつちの神もいさむかをさな子も　国の護りのふねつくるなり
しきしまの濱の真をかきよせて　富士より高くなをなさせはや

小便かぶりの湯地

自国の歴史を重んずるは文明の士なり
自国の歴史を軽んずるは不教の民なり
文明の士は護国の元気を養い
不教の民は建国の皇恩を忘れん

この一詩にみなぎるところの精神が、すなわち丈雄の一大信念であり、その止むに止まれぬ生命の動脈でもあった。元寇紀念碑建設の宿願は、この精神の具体的な表現である。後にまた、護国幼年会を組織したのも、この精神の発動にほかならなかったのである。

こうした国を思う心の前には、あらゆる辛苦艱難は日常の茶飯事にもひとしいもので、丈雄の勇猛心を微動だにさせるものではなかったが、唯一つ、丈雄の夢に寂しい影を投げたのは、志を立てて十年余にもなるのに、まだ紀念碑が完成していないということであった。

豊碑建設のためには、もとより一身は捧げ尽くす決心であるから、それさえ完成すれば、いつ如何なる時に、我が身は野草の露と消ゆるとも、思い残すことはないのだが、その豊碑建設がなかなか心のままに運ばない。福岡の建設事務所に於ける事務委員長も、何回となく代り、その人々の苦心のほども並大抵のものではない。丈雄はそれを思うと、微《かす》かな海鳴りの音にさえ眠れぬ夜が少なくなかった。

しかるに、丈雄と同郷出身の知人や朋友の多くは、すでにみな高位高官にのぼり、あるいは政界、実業界の大立者となり、世ときめかす名声を得ている。丈雄はそれを決して羨望する心はないが、自分の事業がいまだ完成せぬということは、覆うべくもない悲愴《ひそう》なものであった。

もし丈雄がこの知人朋友のごとく、自分一個の立身出世を念願としてきたなら、必ず人後に落ちぬ名声と富貴を得られたであろうが、それは丈雄の熱血の大精神が肯じなかったのである。そして、丈雄は進んで清貧に接する環境に身を投じ、莞爾《かんじ》として護国の大道を説く身となったのである。

明治三十年の除夜の鐘が、この丈雄の孤寂の枕にどう響いたか。丈雄は奮然として左の一詩をしたためている。

予《よ》は是れ　東西　南北の身
毎《つね》に除夜に逢うて　感懐新たなり
天涯の自由　天涯の興

迎え得たり　十年　十処の春

丈雄こそ、真の日本男子である。まことの大和丈夫《やまとますらお》である。大丈夫である。それは、悲哀と艱難の中に越年するとも、―毎《つね》に除夜に逢うて感懐新たなり―と、はっきり言い切っているこの心構えこそ、真の男子のゆくべき道だからである。丈雄はこうして、除夜の鐘こそ、新たに我を奮起させる警鐘であると感じ、なお一層の挺身を決するのであった。この越年の詩は、丈雄のそうした誠忠と勇気果断の心を、最もよく表現し得た名吟であろう

このように、鬼をもひしぐ大丈夫の丈雄であるが、その反面には、慈母のように温かく、また名刀のような鋭さをも兼ねそなえていた。それらは数々の逸話によってもよく知られるところであるが、もう一つ、丈雄は臨機応変の奇智《きち》にも恵まれていたのである。その奇智について「脳裡の錦」という話がある。

これは、元寇の油絵をさげて、中国地方を巡遊していた丈雄が、その足を京都にとどめた時のことである。この日の聴衆には女学生の一団がまじっていた。そして、その沢山の女生徒たちは、壁に掲げられた油絵を見ようとして、みんな首をのばして爪立ちをするので、後の方にいるものみな首を長くして騒然たるありさまである。

このさまを見た丈雄は、女生徒たちのどよめきを静かに制して、

「みなさん、前の方は低くならなくてはいけません、さ、お坐《すわ》んなさい」

と言うと、

「土間だから着物が汚れまぁす」

と、誰かが答えたので、丈雄は微笑をたたえながら、

「土間だから着物が汚れる、なるほど、それは辛かろう、が、それを辛抱しなくては後にいるものが困る。今日は裾《すそ》が汚れるくらいのことには換えられないお話を聴き、絵が見られる日なのです。家へ帰って着物が汚れたと言って、お母さんに叱られたなら、髯の生えたおじさんが、頭脳《あたま》の中へ護国という美しい錦を飾ってくれたとお言い、お母さんもお父さんも、それは良いことをしたと、怒った顔が、すぐに笑顔になるから。さ、心配せずに、お坐りなさい、低くなりなさい」

と言うと、その言葉がまだ終るか終らないうちに、わけても衣服を大切にするという習慣のある京乙女が、みな一斉にひざまづいて、最も厳粛にその時の講話を聞いたということである。

これは一つには、丈雄の情熱にうたれたものでもあるが、こうした心からの言葉には、どのような人でも一言もなく感動するものである。

丈雄が、軍人や子どもや女学生の間に、一番もてはやされ、親しまれたということは、その風采《ふうさい》容貌が、五分刈りの頭髪をいただく大きな頭と針のような髯が、平原的な顔面の半ばをう

づめていたにもかかわらず、その心は誠実であり、純朴であり、温情豊かであったからにほかならないであろう。

—自国の歴史を重んずるは文明の士なり—という言葉通り、丈雄は元寇の役に最も惨害を被った壱岐、対馬を尋ねて、護国講話を試みたいと、かねがね考えていたのであったが、明治三十一年十二月、その宿願の一端を果すべく、渺々《びょうびょう》たる玄海洋上の一孤島であるところの壱岐の国へ歴遊した。この壱岐の国は、元寇の歴史を説くものには、決して忘れることの出来ない紀念の古戦場である。

文永十一年十月十五日、海陸の援兵を遮断《しゃだん》された壱岐の孤島は、対馬を屠《ほふ》って新しい腥血《なまち》の味を知ったところの蒙古蛮族のために、鉄桶の陣をもって取り囲まれ、刀折れ矢尽き、もはや生きて祖国の御為に尽すことも叶わなくなったので、守護代、平内左衛門尉平景隆は、生き残る一族一門とともに、腹十文字に掻き破って、その魂魄を日本千古の守護にとどめたのであった。

さなきだに、古今俯仰の感に堪えない丈雄は、今や親しく往昔の古戦場に足を踏み入れ、海に臨めば、その岩頭に砕け散る怒濤《どとう》の響きは、あたかも元軍襲来の矢叫びかとも思われ、山を仰げば、松の小枝に鳴り騒ぐ悲風の声は、かつての義士猛卒が奮戦の叱咤《しった》かと疑われ、我れ知らず眼《まなこ》の底に溢《あふ》れくる悲憤の涙を禁じ得ないありさまであった。

元寇の踪《しょう》　忘る可《べ》からず
壱岐　到る処　血痕芳ばしきを
思い看《み》る　一片　寒空の月
曾《かつ》ては是れ　沙場　剣戟《けんげき》の光

注（踪＝あと。歴史的事実の意）

この一詩を口吟《くちずさ》めば、当時の丈雄の気持はおのずから察することが出来るであろう。そして、丈雄は村々や海岸の古戦場を巡りながら、その遺跡を尋ねたり、村人に講話を試みたりしているうちに、瀬戸浦に至り、そこではからずも、少弐資時の墳墓を発見した。

この資時は、文永十一年の役には僅か十二歳で初陣し、青年をしのぐ働きをしたが、弘安四年の役には、若年ながら守護代として奮戦力闘、遂に衆寡敵《しゅうかてき》せず、十九歳を一期《ご》として、惜しくも沙場の露と消えたのであった。

丈雄はこの資時の墳墓にひざまづき、暫くはせき上げてくる万感に頭を上げることすら出来ないのであった。村人たちに懇願して、これを懇《ねんご》ろに弔わせると、村民たちも今更のごとくこの若桜の霊を敬慕し、以後は、祭祀を起して永くその英魂を供養することになった。

先には、竹崎季長の古墳を発掘してその霊を慰め、今はまた、元寇の役には最もゆかりの深い玄界灘の一孤島壱岐の島にあって、当時の守護代少弐資時の墳墓を発見するということは、今、元寇の歴史を主唱する丈雄にとって、実に奇《く》しき因縁《いんねん》であり、喜びに堪えないことでもあった。

この壱岐の島は、文永、弘安、両度の蒙古軍襲来の際には、まっさきにその惨害を被った土地であったから、元寇の油絵をさげて訪れた丈雄の講話を聞く者は、さながら祖先の激戦奮闘のさまを目の前に見るような心持ちで、全身にみなぎる血汐を沸き立たせながら、みな熱心に耳を傾け、眼を血走らせていた。

ある日、講堂とてもない僻村《へきそん》で、いつものように元寇の歴史講話をしていると、付近の人々は老いも若きもみなひしひしと詰めかけて来て、立錐《りっすい》の隙《すき》もないほどになり、その人混《ご》みにもまれながら、丈雄は辛うじて小さな木箱を逆さに伏せた台の上に立っているありさまであった。

この山裾の空地を埋めた人々は、過ぎし昔の血なまぐさい物語りに肩をそびやかせて聞き入っていたが、その祖先たちの尊い犠牲を知るに及んで、その勇ましい戦闘のさまや、掌のひらをえぐって荒縄を通したり、眼球や耳を切開したりして、女子供にまで残虐の限りを尽した蒙古蛮族の暴戻《ぼうれい》ぶりに憶いを馳せ、悲憤の涙をはらはらと流し、満場はさながら水を打ったように粛然となり、おりおり起る微風のような啜《すす》り泣きがその謐《しず》かさに響いていた。

この身動きもならない群集の、感動の波に押されながら、丈雄の膝のすぐ前に立っていた一人の若者は、肩をすぼめたり、眼をみはり、顔をしかめてその講話に聞き入っていたが、ようやく丈雄の話が終る頃になると、何となく不安な様子であたりに気を配っているようであったが、熱心に、燃えさかる火のようになっている丈雄には、それと気づくこともなかった。やがて講話を終えて、聴衆もみな立ち去って行った後、ふと気がついて見ると、袴の膝から下のあたりが水を注いだようにびっしょりと濡れている。不思議に思ってつまみ上げてよく見ようとすると、その鼻先に異様な臭気を放った。

さてはあの時の若者がと、ようやく気づいた丈雄は、まだ後片づけのために残っていた村の有志の一人に、手桶に水を一杯持って来てくれるように頼んだ。すると、何事が起ったのだろうと、他の人々も近寄って来たので、事の次第を話すと、一同は大いに驚き、

「それはそれは、大変なことをしでかしまして申し訳ありません」

「とんだ奴でございます。先生のお袴《はかま》を汚《けが》しまして、どうも」

と、代わるがわる腰をかがめて詫《わ》びようとするので、丈雄はそれを制しながら、

「いや、これは実に貴い小便だ、近寄ってはならぬ。しかし、とにかく、水を持って来てくれ」

と言って水を貰い、汚れたところを自分でつまみ洗いすると、びっくりしたような顔をして丈雄を遠巻きにしている土地の有志に向い、

「昔、竹中半兵衛は軍学の講義中に厠へ立った子息を戒め、むしろそこへ垂れてしまえ、軍学の講義に聞きとれて、座席へ小便を洩《も》らしたとて、決して恥ではないと言ったが、今日、若いものがこの湯地の護国講話に聞きとれて、はからずも小便を洩らしこの袴を汚したが、自分

はむしろ大いに満足である。実に、これまでの遊歴中にもまたとない美談である」と、濡れた袴を脱ぎもせずに、欣然《きんぜん》と一同に物語ったので、有志の人々も今更ながら丈雄の人格の偉大さに驚き、かつ、感動を深めたのであった。

後年、湯地丈雄を語る者は、かつて、上川遊説の際の「泥団子の湯地」と、この壱岐漫遊の時の「小便かぶりの湯地」のことは、必ずその話題にのせて、感激と哄笑《こうしょう》を禁じ得なかったとのことである。

聴衆百万人

明治二十一年一月、湯地丈雄が、元寇紀念碑の建設を主唱して起ってから、爾来《じらい》、日本国中をその足跡を残さぬ土地はないほどに限りなく巡歴して、忠君愛国の大義をとなえ、「日本、気を付け！」と絶叫して倦《う》まざることもなかった十数年。貧苦も意に介せず、艱難を恐れず、終始一貫、十年一日のごとくその聖業に尽瘁《じんすい》したことは、決して尋常なる人の成し得ることではなかった。

丈雄といえども、骨柱肉壁《こっちゅうにくへき》の人であるからは、時には、夫として父としての感慨もおこったであろう。亡羊の嘆もあったであろう。頭髪ようやく二毛を交え来たるに及んでは、老いの次第に迫るを憶い、憮然《ぶぜん》として安居養老の計を思うたこともないとは限るまい。

しかし、丈雄の胸底には常に、護国という不断の猛火が炎々と燃えさかっていて、そのような思考はすぐその焔に溶け、焼き尽くされてゆくのである。

そして、雑草や荊棘《けいきょく》や、その他、丈雄のゆくてをさえぎる草木は、みな焼き尽くして灰となり、その後には、ふくよかな下萠えの新芽が蔚然《うつぜん》として希望をもたらし生じてくるので、さらに元気は倍加し、勇奮して大業の途にのぼるのであった。

明治二十四年四月二日、丈雄は名古屋の偕交社で、将校及びその家族の人々に対して護国演説を試みたときを以て、以後百万人の聴衆に我が信念を鼓吹《こすい》しようと決心したが、その後の記録によると、丁度その時から、明治三十六年一月二十一日、熊本県会議事堂で、学生その他に対して行った講話までに、実に六百二十四回の護国講話をなし、百二十六万二千七十七名の脳裡に、護国の銘を打ち、愛国の錦を飾りつけたのであって、この記録以前、明治二十一年から同二十四年四月までの分を加えると、一千回以上に達しており、その一回の会期が三日、四日、ながい場合は一週間も続いたことを思うと、その講話の回数は数千度に及んでいるかも知れないのである。明治三十三年十二月、丈雄が講話の聴衆は一百万五千余人に及び、かつての聴衆百万人への願望は達せられたのであった。

元寇　談じ来たって　半生を擲《なげう》つ
王侯に換え難し　国家の盟
誰にか謝せん　百万余人の耳
容《い》るるを得たり　精誠　反覆の声

これが、聴衆百万人に達したときの所懐をのべた詩である。

今かりに、この丈雄が壇上に立って獅子吼えした数千回の熱誠の声を一つに集め得たとしたら、その声は泰山を動かし、ウラルの嶺をもゆるがすほどの大音声となるであろう。いな、たとえ山脈は崩れることがなくとも、事実において、丈雄の熱誠は万民の血と脈に通じ、かつて日清戦争のおり、四百余州を震撼《しんかん》させた喊声《かんせい》も、後日の日露戦争で欧露の精兵猛卒を驚倒せしめた勝鬨《かちどき》も、ひとつには、丈雄がかつて叫び続けた「日本気を付け！」の声が、凝《こ》って一団となり、その激戦の野を駆けめぐったのかも知れない。

いずれにしても、この明治の二大聖戦に、その二回の戦勝のかげには、丈雄の護国運動がどれほど助成していたか図り知れないものがあるのである。

ひとくちに百万人といえば、人々は容易に考えるかもしれないが、聴衆が百万人に達するには、一回五百人ずつとすれば二千回、千人平均としても一千回壇上に立たねばならないのである。

丈雄の講話は、明治三十六年の一月までに、それが百二十万二千余人にまで及んだのである。今その百万人に達する足跡と聴衆員数の一覧表を左にかかげて見よう。

明治二十四年

四月二日	名古屋偕行社	将校及びその家族	三〇〇人
同七日	愛知県師範学校	学生及び父兄	五〇〇人
同八日	清流女学校	学生及び父兄	二〇〇人
同十日	歩兵第六聯隊	将校及び兵士	一五〇〇人
同十一日	愛知県会議事堂	議員及び官吏	三〇〇人
同十二日	園町小学校	数校合併	一〇〇〇人
同十三日	同	同	一五〇〇人
同十四日	幅下小学校	同	三〇〇〇人
同十五日	筒井小学校	同	一五〇〇人
同十六日	愛知簿記学校	同	九〇人
同十七日	歩兵第十九聯隊	将校及び兵士	一四〇〇人
同十九日	門前小学校	数校合併	一〇〇〇人
同二十日	白川小学校	同	二〇〇〇人
同二十一日	中教院	同	一五〇〇人
同二十二日	関治小学校	同	四〇〇〇人
同二十三日	尋常中学校	生徒及び父兄	五〇〇人
同二十四日	砲兵第三聯隊	将校及び兵士	六〇〇人
同二十五日	歩兵第十八聯隊	豊橋衛戍	一二五〇人
五月二十四日	愛知県簿記学校	生徒有志	三〇〇人
同三十日	西春日井郡二校学校	同	八〇〇人
六月二日	名古屋菅原学校	同	一一七〇人
同十三日	輜重兵営	将校兵士	三〇〇人
同十九日	愛知郡役所	官吏学生有士一同	一〇〇〇人
同二十三日	工兵営	将校兵士	四〇〇人
同二十四日	海西郡津島小学校	生徒父兄一同	一〇〇〇人
七月一日	静岡師範学校	職員生徒及び父兄	五〇〇人
同二日	同校	陸軍将校官吏議員	一三〇〇人
同三日	静岡市宝台院	父兄生徒	一〇〇〇人
同四日	同尋常小学校	職員生徒	三〇〇人
同五日	同高等小学校	生徒父兄	一二〇〇人
同八日	愛知県宝飯郡国府	同	一〇〇〇人
同九日	同郡　牛久保村	同	八〇〇人
同十日	同郡　蒲郡村	同	八〇〇人
同十一日	額田郡岡崎	有志者生徒	一〇〇〇人
同十二日	渥美郡豊橋町	官吏有志	八〇〇人
同十五日	静岡市宝台院	公衆	一二〇〇人
同十六日	同	同	一〇〇〇人
同十七日	江尻小学校	近郷各小学校生徒	一一〇〇人

七月十八日	三河国田原	有志一同	一三〇〇人
同十九日	愛知県警察部	署長巡査教習生	一〇〇〇人
同二十二日	同県東春日井郡玉野村	有志生徒	七〇〇人
同二十八日	同渥美郡杉山村	同	五〇〇人
同二十九日	同郡老津村	有志一同	一〇〇〇人
八月二日			
皇太子殿下幻灯再度御上覧を賜う。			
三重県二見ヶ浦宝日館にて倍覧の栄を賜りし者			一二五名
同十五日	大阪府中学校	国家教育全国大会	四〇〇人
同二十一日	大阪偕行社	将校及び其子弟	三〇〇人
同二十二日	同砲兵営	砲兵輜重兵将校兵士	不明
同二十五日	歩兵第八聯隊	将校兵士	一五〇〇人
同二十六日	歩兵第二十聯隊	同	一五〇〇人
同二十七日	騎兵第四大隊	同	二〇〇人
同二十九日	滋賀県神愛教育会	教育者学生	一五〇人
九月三日	愛知県熱田神苑内	有志一般	一五〇〇人
同五日	同県東春日井郡小牧村	生徒及び父兄	二〇〇〇人
同六日	同郡第高二等小学校	同	一五〇〇人
同七日	同郡瀬戸村寺院	同	二〇〇〇人
同十二日	同郡役所	郡吏警官諸有志	一〇〇人
同十八日	名古屋錦城女学校	生徒父兄	一〇〇人
同二十九日	西春日井郡議事堂	同	四〇〇人
十月二日	八名郡高木小学校	有志生徒	六〇〇人
同三日	南設楽郡新城町		一〇〇〇人
同四日	北設楽郡清崎	学校生徒及び父兄	二五〇人
同六日	同郡田口	諸官吏及び生徒父兄	四〇〇人
同八日	同郡名倉村	生徒父兄	四〇〇人
同九日	同　稲倉村	同	五〇〇人
同十一日	南設楽郡海老村	同	六〇〇人
同十二日	同　鳳来寺村	同	四〇〇人
同十三日	同　布里村	同	四〇〇人
同十四日	同　只持村	同	三五〇人
十一月二十一日	仙台偕行社	将校及び子弟	二〇〇人
同二十三日	同	同家族婦人	二〇〇人
同二十四日	仙台尋常師範学校	職員生徒	三〇〇〇人
同二十五日	歩兵第四聯隊	将校兵士	一五〇〇人
同二十六日	輜重兵第二大隊	輜重隊工兵隊	五〇〇人
同三十日	仙台五城館	警察部長県官他	一〇〇人
十二月一日	工兵大隊	将校兵士	五〇〇人
同二日	仙台荒町小学校	生徒父兄	一五〇〇人

同四日	歩兵第十七聯隊	将校兵士	五〇〇人
同六日	志田郡古川町小学校	憲兵士官教官　教員生徒父兄	四〇〇人
同七日	遠名郡湧谷町小学校	郡長憲兵教員生徒	一〇〇〇人
同八日	砲兵第二聯隊	将校兵士	七〇〇人
同十八日	東京成城学校	職員生徒	四〇〇人
同十九日	同	同	四〇〇人

明治二十五年

二月一日	九段坂偕行社	将官以下将校家族	七〇〇人
同二日	第三聯隊	将校兵士	一五〇〇人
三月五日	福岡師範学校	生徒父兄	一五〇〇人
同十日	歩兵第二十四聯隊	将校兵士	一五〇〇人
同十四日	福岡県警察部		二〇〇人
同十五日	福岡小学校	各校生徒及び父兄	二二〇〇人
同十七日	小倉高等小学校	軍人及び生徒父兄	二〇〇〇人
同二十一日	広島偕行社	将校及び家族	五〇〇人
同二十三日	同	師範学校中学校一同	五〇〇人
同二十四日	同	官民一同	七〇〇人
同二十五日	歩兵第十一聯隊	軍人	一〇〇〇人
同二十六日	同	同	五〇〇人
同三十日	東京錦輝館	東京教育社員	八〇〇人
五月四日	九段偕行社	将校子弟家族	九五〇人
同七日	本郷西片町久徴館	石川県人共立学生及び小学生	一〇〇〇人
同九日	九段偕行社	軍人及び家族	八〇〇人
同十四日	近衛第一聯隊	軍人一同	一二〇〇人
同十七日	同第二聯隊	同	一二〇〇人
同十八日	警視庁	警察官消防員	二〇〇〇人
同十九日	同	同	二五〇〇人
同二十四日	近衛歩兵第四聯隊	軍人	一五〇〇人
同二十八日	錦輝館	小学中学生徒	七〇〇人
六月二十五日	四谷小学校	四谷厚誼会友生徒	三〇〇〇人
七月八日	麹町富士見小学校	生徒父兄	三五〇〇人
同十一日	小石川表町薬王院	有志	六〇人
同二十三日	神奈川県鎌倉光明寺	陸軍幼年学校生徒	三〇〇人
同二十七日	同鶴岡八幡宮	神官僧侶	六〇人
八月七日	相州逗子細川侯別邸	同侯爵家家族一同	五〇人
同九日	鎌倉片瀬龍口寺	学院生徒他有志	五〇〇人
同十一日	鎌倉腰越村小学校	生徒父兄	五〇〇人
同十三日	横須賀要塞砲兵営	将校兵士	七五〇人
九月一日	東京府北多摩郡大宮校	生徒父兄及び有志	八〇〇人

同七日	青森師範学校	生徒父兄	三五〇人
同十日	青森町小学校	同	一三〇〇人
同十七日	函館商業学校	同	一一〇〇人
同十八日	函館町会所	紳士有志	五〇〇人
同二十一日	大谷派本願寺別院	門徒有志	二〇〇〇人
十月三日	弥生学校	生徒有志	六〇〇人
同八日	札幌女学校（二回）	生徒	五〇〇人
同十日	札幌農学校	創成小学校他数校生徒	一三〇〇人
同十一日	同	屯田兵司令部員	五〇〇人
同十二日	同	本校外七校生徒	七〇〇人
同十五日	新琴似兵村	将校兵士及び家族	六〇〇人
同十六日	篠路兵村	同	七〇〇人
同二十日	瀧川兵村	同	三〇〇人
同二十三日	上川郡永山兵村	同	八〇〇人
同二十四日	旭川兵村（二回）	同	一三〇〇人
同二十六日	瀧川兵村	同	五〇〇人
同二十七日	同上番外地	有志及び土人酋長	一〇〇人
同二十八日	江別兵村	将校士卒子弟	四〇〇人
同二十九日	同第二中隊	同	四〇〇人
同三十日	札幌大黒座	一般民衆	一六〇〇人
十一月三日	山鼻兵村	将校子弟	四〇〇人
同五日	琴似兵村	同	八〇〇人
同八日	小樽港稲穂座	一般民衆	三三〇人
同九日	同住吉座	同	一六〇〇人
同十日	同	同	一四〇〇人
同十二日	小樽開蒙小学校	生徒父兄	三五〇人
同十四日	同末広座	一般民衆	一四〇〇人
同二十五日	京都府尋常師範学校	知事及び各官衙教育者生徒	六〇〇人
同二十七日	下京高等小学校	生徒父兄	一二〇〇人
十二月三日	同志社	学生及び有志	八〇〇人
同九日	上京高等学校	生徒父兄及び有志	八〇〇人
同十二日	滋賀県	教育家生徒	九〇〇人
同十三日	歩兵第九聯隊	将校兵士	一四〇〇人
同十九日	参州豊橋	佐藤大佐その他家族	六〇人
同二十日	歩兵第十八聯隊	将校兵士	一五〇〇人

明治二十六年

二月一日	歩兵第一聯隊	将校兵士	八〇〇人
同二日	同	同	七〇〇人
四月一日	華族会館	華族一般	一二〇人
同三日	帝国大学講議堂	公衆	六〇〇人

同十一日	上野停車場構内	鉄道社員	六〇〇人
同二十三日	大阪今宮商業倶楽部	軍人警察官日蓮宗信徒	五〇〇人
五月一日	大阪弁天座	日蓮宗信徒その他	三〇〇〇人
同四日	大阪偕行社	将校家族	二〇〇人
同十八日	大阪府警察本部	警察官一同	六〇〇人
同二十日	静観楼	有志一同	五〇人
同二十一日	西区西六小学校	同	一五〇人
同二十四日	東区浪華小学校	同	五〇〇人
六月二日	神戸乾行義塾	日本人及び支那英国人	一三〇人
同三日	奈良市尾花座	有志	六五〇人
同六日	和泉国岸和田倶楽部	同	六〇〇人
同八日	神戸小学校	私立教育会員及び生徒	八〇〇人
同十日	兵庫県師範学校	職員生徒	三〇〇人
同十三日	奈良県師範学校	知事校長以下付属生徒	一〇〇人
同十四日	奈良町小学校	生徒父兄	四〇〇人
同二十一日	大阪青年館	キリスト教信徒及び公衆	一五〇〇人
七月三日	歩兵第一聯隊	将校兵士	一四〇〇人
同十一日	大津本願寺別院	近江婦人慈善会員	一〇〇〇人
八月七日	大阪府監獄署	職員一般	六〇〇人
同十四日	北新地福井座	有志一般	二〇〇〇人
九月二十三日	東京九段偕行社	軍人及び家族	一〇〇〇人
同二十四日	同	同	九〇〇人
同二十九日	飯田町共済会	有志者	三〇人
同三十日	同	同	二〇人
十月一日	同	同	二五人
同二日	同	同	三二人
同三日	同	同	二一人
同十一日	大日本教育会書籍館	有志者	二〇〇人
同十六日	駒込吉祥寺	第一高等校生徒その他	四一〇人
十一月二十一日	華族会館	貴族院議員その他	三五〇人
同二十二日	同	衆議院議員その他	四〇〇人
同二十六日	横浜演劇場	教育者及び生徒	六〇〇人
同二十七日	本郷哲学館	学生	一五〇人
同二十九日	近衛歩兵第一聯隊	将校兵士	一四〇〇人
十二月二十六日	神異立学校	学生その他	二〇〇人

明治二十七年

二月二十三日	千葉県師範学校	職員生徒	三〇〇人
同二十四日	千葉町千初座	各学校生徒	五〇〇人
同二十六日	同	公衆	一五〇人

同二十八日	歩兵第二聯隊	将校兵士	一五〇〇人
三月五日	東京日本橋区長岡子爵邸	有志	五〇人
四月十五日	赤坂黒田侯爵邸	同侯爵その他一同	五〇人
五月二十日	麹町区同学院	職員生徒	八〇〇人
六月三日	同	公衆	一三〇〇人
同二十五日	歩兵第十八聯隊	将校兵士	一五〇〇人
同三十日	北白川宮殿下御臨席 大阪偕行社	将校家族	二五〇人
七月三日	大阪憲兵首部	将校家族及び兵士	三〇〇人
同四日	堺軍事協会	軍人有志	一三〇〇人
同十九日	豊前田ノ浦	有志	三〇〇人
同二十日	門司港劇場	同	九〇〇人
同二十四日	福岡東公園皆松館	同	四〇〇人
同二十九日	同恵比寿堂	同	八〇〇人
八月二日	筥崎八幡宮境内	同	八〇〇人
同三日	秋月学校	同	二〇〇〇人
同四日	住吉学校	同	一〇〇〇人
同五日	熊本鎮西館	同	二〇〇人
同七日	熊本山鹿郡山鹿町	同	二三〇〇人
同十二日	同松橋町	青年会	二五〇人
同十六日	筑後久留米	同	二〇〇〇人
同十七日	同	公衆	二五〇〇人
同二十日	熊本末広座	同	一六〇〇人
同二十一日	同	同	一二〇〇人
同二十二日	同招楽座	同	七〇〇人
同二十三日	同	同	八〇〇人
同二十四日	同合志郡福本村神社	同	二五〇〇人
同二十八日	同飽田郡春竹小学校	同	一二〇〇人
九月三日	同郡黒髪村	同	五〇〇人
同四日	同沙取村	同	一二〇〇人
同五日	歩兵第十三聯隊	将校兵士	一六〇〇人
同六日	歩兵第二十三聯隊	同	一二〇〇人
同七日	同	同	一三〇〇人
同八日	歩兵第十三聯隊	同	一三〇〇人
同十日	熊本県益城郡白旗村	有志	六〇〇人
同十一日	同	同	五〇〇人
同十三日	工兵第六大隊	将校兵士	三〇〇人
同十四日	同	同	三二〇人
同十五日	同	同	三三〇人
同十八日	砲兵第六連隊	同	八〇〇人
同十九日	衛戍監獄	囚人	一五〇人

同二十日	輜重縦列	将校兵士	四五〇人
同二十一日	騎兵第六大隊	同	三三〇人
同二十三日	下益郡砥用郷	公衆	六七〇人
同二十四日	同	同	六〇〇人
同二十六日	福岡県三潴郡榎津高等小学校	同	三五〇〇人
同二十七日	同若津町	同	一五〇〇人
同二十八日	同城島村	同	一二〇〇人
同二十九日	同	同	一三〇〇人
同三十日	同高等小学校	同	二五〇〇人
十月一日	同	同	四五〇〇人
同二日	同宮本高等小学校	同	五〇〇〇人
同三日	三潴郡鳥飼尋常小学校	同	三五〇〇人
同六日	第六師団馬廠本部	軍人	一二〇人
同七日	熊本師範学校	同窓会生徒	二〇〇人
同十日	同詫麻郡建軍村	公衆	二二〇〇人
同二十五日	博多教楽社	教育会	二七〇〇人
同二十六日	同	公衆	三〇〇人
同二十七日	同	同	一五〇〇人
同二十九日	福岡西町劇場	教育者及び公衆	一五〇〇人
十一月十六日	広島市小学校	第五聯隊第三大隊	一五〇〇人
同十八日	本覚寺	第二師団工兵隊	四五〇人
同十九日	同	同	三〇〇人
十二月二日	河原町	第五聯隊第三大隊	二〇〇人
同三日	中町	第四聯隊	二〇〇人
同四日	有栖川宮殿下御臨席有栖川宮御旅館	将校その他	一二〇人
同五日	安芸郡祇園村	第五師団軍人	二〇〇人
同六日	広島師範学校	第四聯隊第十、十一、十二中隊	六〇〇人
同九日	広島市	第二師団第一縦列	八〇〇人
同十九日	同	第十七聯隊第八中隊	二〇〇人
同二十一日	福岡県遠賀郡岡縣村	有志	一〇〇〇人
同二十二日	同	同	一二〇〇人

明治二十八年

一月二日	福岡共進館	公衆	三〇〇人
同三日	同	同	四〇〇人
同七日	佐原郡小部	有志	一四〇〇人
同八日	同	同	一七〇〇人
同九日	同郡御園村	同	六〇〇人
同十日	同　松崎	同	二五〇〇人

同十二日	福岡共進館	婦人会	七八人
同十三日	同	同	一一〇人
同二十八日	志摩郡前原	教育会	一五〇〇人
同二十九日	怡土郡雷山	同	一〇〇〇人
同三十日	同郡一貴山	同	一三〇〇人
同三十一日	同郡深江	同	一〇〇〇人
二月一日	志摩郡小富士	同	四〇〇人
同二日	同郡今宿	同	四〇〇人
同三日	同　宮ノ浦	同	五〇〇人
同五日	同　天岡	同	三〇〇人
同十六日	宗像郡高等小学校	同	七〇〇人
同十八日	同　屋崎	同	五〇〇人
同十九日	同　上西郷	同	八〇〇人
同二十一日	同　神ノ港	同	六〇〇人
同二十二日	同	同	五〇〇人
同二十三日	同　岬	同	四〇〇人
同二十四日	同	同	六五〇人
同二十五日	同　吉武	同	九〇〇人
同二十六日	同　赤間	同	一〇〇〇人
三月七日	山門郡下瀬高	同	六〇〇人
同八日	同　富原村役場	同	一〇〇〇人
同九日	同　宮ノ内	同	一〇〇〇人
同十日	同　柳川	同	一二〇〇人
同十一日	同　沖ノ端	同	二二〇〇人
同十二日	同　有明	同	六〇〇人
同十三日	同　上瀬高	同	一三〇〇人
同十四日	同　清水	同	二〇〇人
同十九日	三池郡大牟田	教育団その他	八〇〇人
同二十日	同　三池	同	二二〇〇人
同二十一日	同　二川	同	二四〇〇人
同二十二日	同　三池	同	二五〇〇人
同二十三日	同　集治監	典獄以下吏員	四〇〇人
四月十八日	三原郡本郷	教育者その他	二六〇〇人
同二十七日	同　大刀洗	同	三一〇〇人
同二十八日	三潴郡榎津	同	五五〇人
六月五日	呉鎮守府	同	二五〇人
同二十日	呉港厳島艦	海軍軍人	二五〇人
七月五日	佐世保鎮守府	海兵団	七〇〇人
同十日	佐賀県佐賀市	有志者	八〇〇人
同十一日	同	同	一二〇〇人

同十二日	同　師範学校	生徒	三三〇人
同十三日	同　中学校	同	三三〇人
八月五日	福岡大林区署	有志者	九〇人
十月三日	熊本観衆館	同	六〇〇人
同五日	八代郡宮原	生徒有志	一二〇〇人
同六日	同郡境	同	二〇〇〇人
同七日	同　八代町	同	二二〇〇人
同八日	葦北郡日奈久	同	五〇〇人
同九日	同　佐敷	同	一三〇〇人
同十三日	球磨郡多良木	同	一〇〇〇人
同十四日	同　人吉	同	二二〇〇人
同十八日	上益郡御船	同	二二〇〇人
同十九日	同　甲佐	同	一五〇〇人
同二十日	同　木山	同	六〇〇人
同二十二日	阿蘇郡新町	同	一三〇〇人
同二十四日	同郡宮地町	同	三〇〇〇人
同二十五日	同　市原	同	五二〇人
同二十六日	同　内牧	同	三〇〇〇人
同二十八日	合志郡大津	同	二三〇〇人
同三十日	同　須屋	同	八〇〇人
十一月一日	詫摩郡広畑	同	六〇〇人
同二日	同　出水	同	四〇〇人
同四日	同　部田	同	七〇〇人
同五日	下益城郡小川	同	二一〇〇人
同六日	同郡松橋	同	四〇〇人
同七日	下益城郡堅志田	同	六〇〇人
同八日	同　隈庄	同	九五〇人
同九日	宇土郡宇土	同	一二〇〇人
同十日	同　轟	同	七〇〇人
同十一日	同　松合	同	四二〇〇人
同十二日	熊本尚絅女学校	同	四五〇人
同十三日	飽田郡池田	同	五〇〇人
同十四日	同　高橋	同	四五〇人
同十五日	同　川尻	同	二三〇〇人
同十六日	下益城郡海東	同	一八〇〇人
同十七日	山本郡植木	同	二〇〇〇人
同十八日	同郡内村	同	四五〇人
同十九日	同郡宮原	同	七〇〇人
同二十日	飽田郡川口	同	一五〇〇人
同二十一日	玉名郡高瀬	同	三六〇〇人

同二十二日	同　大浜	同	一六〇〇人
同二十三日	同　伊倉	同	一七〇〇人
同二十四日	同　江田	同	一一〇〇人
同二十六日	山鹿郡山鹿	同	二四〇〇人
同二十七日	同　来民	同	二八〇〇人
同二十八日	同　六郷	同	五〇〇人
同三十日	菊地郡加茂川	同	七〇〇人
十二月一日	同　菊地	同	八五〇人
同二日	同　隈府	同	一二〇〇人
同三日	同　戸崎	同	五五〇人
同十九日	阿蘇郡馬見原	同	三〇〇人
同二十日	同	同	四五〇人
同二十一日	同　大野	同	三〇〇人
同二十二日	同　管尾	同	二〇〇人
同二十三日	同　小峰	同	九〇人
同二十五日	下益城郡浜ノ町	同	二〇〇人

明治二十九年（大油絵展覧開始）

一月四日～二十九日間	熊本観衆館	同（油絵）	三七〇〇〇人
二月十八日～二十五日間	玉名郡高瀬	同	三五〇〇人
三月二十五日～三日間	熊本西行寺	同	一〇〇〇人
同月七日～七日間	同　阿彌陀寺	同	五〇〇人
四月十八日～五日間	下益城郡海東村	同	三〇〇〇人
五月一日～五日間	山鹿郡山鹿	同	二四〇〇人
五月六日～五日間	菊地郡隈府	同	一五〇〇人
日不明	合志郡大津	同	五〇〇人
五月十一日～三日間	阿蘇郡宮地	同	五〇〇人
五月十四日	同郡内牧	同	三〇〇人
同十八日～三日間	久留米	同	三四〇〇人
同三十一日～六月十日	博多	同	六三〇人
六月二十八日	佐賀市	同	三五〇人
七月一日	佐賀県有田	同	二五八人
八月二日～五日間	東京偕行社	軍人（同）	七〇〇人
八月十五日～七日間	国学院	公衆（同）	四三〇〇人
九月二十日～四日間	麹町区各学校	生徒その他（同）	四三〇〇人
十月二十七、八両日	埼玉郡妻沼	同	一三〇〇人
十月三十日～五日間	埼玉郡深谷	同	四三〇〇人
十一月十日	同　浦和	同	九二〇人

十一月十九日～五日間	宇都宮	同　兼幻灯	四七〇〇人
十二月十三日	埼玉郡黒瀬	同	一七〇〇人
同二十五日～十九日間	東京上野公園美術協会	公衆、油絵	五七〇〇人
（三十年一月十二日マデ）			

明治三十年

三月十二日	埼玉県霞ケ関	同　幻灯	一五〇人
同二十一日	同　福岡	同　油絵	八〇人
三月二十四日～八日間	同　川越	同　幻灯	三二〇〇人
五月十二日	横浜	同	五二〇〇人
七月二十日	群馬県会議事堂	同	一六〇〇人
同二十一日	同	同	九〇〇人
同二十二日	同　高崎	同	一〇〇〇人
同二十四日	歩兵第十五聯隊	軍人　同	一五〇〇人
同二十九日	長野高等小学校	公衆　同	六〇〇人
同三十日	長野師範学校	同	四〇〇人
八月二日	新潟市	同（洪水の難に遭う）	一五〇人
九月三日	長野市	同　油絵	一〇五〇人
九月七日～七日間	長野善光寺	同（展覧）	七八四〇人
九月十四日	上水内郡芹田	同　幻灯	七〇〇人
同十六日	同　柳原	同	一八〇人
同二十三日～五日間	同郡　上田	同	三八八〇人
同二十八日	同	同	一〇五〇人
十二月二日～三日間	北佐久郡岩村田町	同　油絵	四九五八人
同四日	同	同　幻灯	二〇〇〇人
同八日～三日間	東佐久郡臼田町	同　油絵	一〇七七七人
十月九日	同	同　幻灯	二四〇〇人
同十日	同	同	一七六〇人
同十四日	北佐久郡小諸	同	三七九六人
同十九日～三日間	同	同　油絵	七三四四人
同二十七日	歩兵第十五聯隊	同	三五〇〇人
十一月一日～五日間	群馬県高崎町	同	二一〇〇人
同七日～五日間	前橋市	同	一六一七三人
十二月十二日	東京梅園社	同　幻灯	二〇人
同二十日	赤坂寿商会	同	五〇人

明治三十一年

三月	大分県宇佐町	同　幻灯	三〇〇人
四月一日	同	同	七〇〇人

三月一日～七十日間	大分県宇佐八幡宮	同	油絵	一五三九七人
四月二十五日	同　県会議事堂	同	幻灯	五〇〇人
同二十七日	同　鶴崎町	同		五〇〇人
五月十一日	同速水郡立石	同		三〇〇人
同十三日～三日間	大分町	同	油絵	一五四〇〇人
同十六日	大分県戸次	同		二五〇〇人
同二十一日～五日間	豊前小倉	同		一二五〇〇人
同三十日	九州鉄道会社	同		三〇〇人
同六月一日～三日間	門司港	同		六五〇〇人
同十三日～五日間	長門赤間ケ関	同		五三〇〇人
同二十一日～十日間	福岡共進館	同		一五〇〇〇人
七月二十五日～四日間	同県会議事堂	同		九〇〇人
八月十三日～三日間	対州厳原	同		一〇〇〇人
八月十四日	警備隊	軍人	幻灯	一〇〇人
同十六日	同	同		五〇〇人
同十九日	同　小茂田浜	公衆	幻灯	三〇〇人
同二十日	同　今里	同		四〇〇人
同二十一日	同　竹敷	同		四〇人
同二十二日	同	同		五〇〇人
九月十一日～二両日	筑前若松	同	油絵	一三〇〇人
九月二十六日～三日間	同　真方町	同		一五〇〇人
十月七日～三日間	同　飯塚町	同		一六〇〇人
十月十一日～三日間	同　大隈町	同		一二〇〇人
十一月八日～三日間	長崎榎座	同		六〇〇〇人
同十八日～三日間	同　平戸	同		三〇〇〇人
同二十二日～三両日	同諸学校	同	幻灯	一〇〇〇人
同二十四日	同　爐粕町	同		六〇〇人
同二十六日～三日間	同　大村	同	油絵	二〇〇〇人
同二十七日～三日間	歩兵第四十六聯隊	同		一〇〇〇人
十二月一日～三日間	佐世保	同		三〇〇〇人
同三日、四日	佐世保海兵団	海軍軍人	同	二〇〇〇人
同十七日～三日間	壱岐郡武生水	公衆	同	二〇〇〇人
同二十一日～二十二日	同　国府	同		二〇〇〇人
同二十三日～三日間	同　香椎	同		二五〇〇人
同二十六日	同　鯨伏	同		一〇〇〇人
同二十九日～三十日	同　石田	同	幻灯	三五〇〇人

明治三十二年

一月二日	壱岐郡柳田	同	幻灯	一〇〇〇人
同三日	同沼津	同		二五〇〇人

同四日	同　渡良	同	一〇〇〇人
同七日	同　武生	同	六〇人
同十三日	長崎県呼子	同	一五〇人
同二十三日～三日間	福岡県前原	同　油絵	三九〇〇人
同二十七日	糸島郡芥屋	同	二〇〇〇人
同二十九日	同　深江	同	一五〇〇人
三月十五日～六日間	鹿児島造士館	同	三二〇〇〇人
同二十六日	同　伊集院村	同　幻灯	六三三人
同二十七日	鹿児島市	同	一〇〇〇人
四月二日～五日間	宮崎県師範学校	同　油絵	五〇〇〇人
同二十二日	愛媛中学校	同　幻灯	四〇〇人
同二十三日	同　師範学校	同	五〇〇人
同二十五日～五日間	松山公会堂	同　油絵	一六〇〇〇人
同二十六日	伊予道後	同　幻灯	三〇〇人
五月八日～十二日間	廣島忠魂祠堂及び県会議事堂	赤十字社員総会　油絵　幻灯	四〇〇〇〇人
同二十三日～五日間	富山誕生寺	公衆　油絵	三七九〇人
六月十七日～七日間	同　後楽園	同	一四五〇〇人
同三十日～三日間	作州津山	同	四八五三人
七月六日～三日間	浅口郡玉島	同	三七〇〇人
同十一日～十二日	同　吉備	同	二七〇〇人

同十五日～三日間	小田郡笠岡村	同	三六〇〇人
同二十一日	同　神島	同　幻灯	一五〇人
同二十五日	浅口郡沙美浦	同	八〇人
八月十一日	姫路第十師団司令部	同　幻灯	三五人
同二十四日～四日間	備後福山	同	五二三二人
九月二日三日両日	丸亀第十一師団各隊	軍人　油絵	二五〇〇人
同七日～三日間	同	公衆　同	二四〇〇人
同十九日	姫路第十聯隊兵営	軍人　同	五〇〇人
同二十日	姫路中学校	公衆　同	四〇〇〇人
十月二日～三日間	同　本徳寺	同	七六五〇人
同五、六日	同　景福寺	同　幻灯	七〇〇人
同二十日～二十九日迄	大阪西区青年会館	軍人学生公衆　油絵	一三三三〇人
十一月一日～五日間	同	同（展覧）	一二〇〇人

同十一日～十二日　舞子有栖川宮御別邸に於いて　皇太子殿下御上覧

十一月十四日	兵庫県丹波柏原町	公衆　幻灯	一五二〇人
同十五日～三日間	同町高等小学校	公衆学生　油絵	四八七〇人
同十五日	同　町	公衆　幻灯	七〇〇人

同二十一日〜三日間	丹波福知山	一般　油絵	五〇二〇人
同二十五日	福知山工兵営	軍人　幻灯	五五〇人
同二十一日〜三日間	丹波福知山	公衆　幻灯	一七二〇人
同二十七日〜二日間	同綾部高等小学校	学生父兄　油絵	二八四四人
同二十八日	同	同　幻灯	四五〇人
同三十日	丹後舞鶴港	一般　同	八五〇人
十二月四、五日	歩兵第三十八聯隊 工兵第四大隊		二四〇〇人
同七日〜五日間	京都博覧会場	生徒その他	七五〇〇人
同十七日	滋賀県教育会	教育者生徒	一九〇〇人
同十八日	大津歩兵第九聯隊	将校下士その他	二五〇〇人
同二十四日	名古屋偕行社	将官その他	四二〇〇人
同二十五日	同	県会議員その他	七〇人
同二十九日〜三日間	大谷派本願寺別院	三師団兵士一同	五二〇〇人

明治三十三年

一月二十日〜八日間	名古屋市	各学生	二三五〇〇人
二月二日〜五日間	愛知郡熱田	学生公衆	九一八〇〇人
同十五日〜五日間	三州岡崎	公衆	九一八〇〇人
同二十三日〜五日間	名古屋市	同	二八〇〇〇人
三月十三日〜五日間	三州豊橋町	軍人及び学生	七五五〇人
同十八日	同町　倶楽部	公衆　幻灯	五五〇人
四月二日	尾張丹波郡布袋町	同	六五〇人
同三日	同郡犬山町	同	一二〇〇人
同十六日〜三日間	三河碧海郡刈谷	学生　公衆	四三七〇人
同二十四日〜五日間	越前福井市	同	六一一〇人
五月二日	金沢市山田病院	軍人	六四人
同四日〜八日間	金沢市	軍人学生公衆	一五二〇〇人
同十二日	同	学生公衆	六〇〇人
同十七日	同第四高等学校	同	四五〇〇人
同二十日〜三日間	越前今立郡鯖江	軍人公衆	四四五〇人
六月一日〜三日間	同敦賀町神楽本勝寺	学生公衆	五一五〇人
同五日	同　敦賀青年会	同	三〇〇〇人
同十二日	金沢裁判所	官吏	五〇〇人
同十五日	越前敦賀	学生公衆	二一〇〇人
同二十二日〜三日間	能登七尾港	同	八四七〇〇人
七月五日	石川県師範学校	同	八五〇〇人
七月二十一日〜八月七日	関西教育大会中、富山県師範学校内	同	四七六八九人
八月十六日	富山県中新川郡滑川	同	七〇〇三〇人
同十九日	加賀金沢市偕行社	婦人学生	五〇人

同二十三日	富山県婦負郡八尾村	学生公衆	一二五〇人
同二十四日	同郡四方町	同	八〇人
同二十六日	同県上新川郡東岩瀬町	同	一〇三〇人
同三十日	同郡入善町	同	九〇〇人
同三十一日	同　泊町	同	六〇〇人
九月一日	同郡三日市	同	七〇〇人
同十四日	東京日本赤十字社	社長以下	一一〇人
十月十五日	小松宮殿下御臨席 日本赤十字社	各名士	三〇人
同十七日〜四日間	東京帝国教育会	学生公衆	二五三三人
十一月二、三日	護国堂	公衆	二〇〇人
同八日	東京体育会	会員	二三〇〇人
同十九日	同　帝国教育会	大成中学校生徒	四〇〇人
十二月三日〜三日間	偕行社	将校家族その他	一二〇〇人
同十九日〜二十日	麻布歩兵第一聯隊	軍旗祭に付き将校兵士その他	二一〇〇人
同二十一日〜二十二日	同歩兵第三聯隊	将校以下一般	一五〇〇人
同二十五日〜二十六日	近衛歩兵第四聯隊	同	一五〇〇人

通計　一百万五千七百七人。

明治三十三年十二月末日をもって、遂に百万人の聴衆を超え、丈雄の念願は達せられたが、尚《な》おも勇奮して息つくいとまもなく、油絵と幻灯をさげた講話の旅は続けられた。以下はその足跡である。

明治三十四年

一月十七日	近衛歩兵第三聯隊	将校兵士	一五〇〇人
同十九日	同　第一聯隊	同	不明
一月二十五日〜三月二十日迄	衆議院内食堂	代議士その他 油絵陳列	無数
三月二十一日	台湾協会		三〇〇人
五月十八日	宮城高等女学校	婦人会員及び生徒	三四〇人
同二十一日〜三日間	第二師団	各隊	四八〇〇人
同二十五日〜三日間	仙台市師範学校	学生	七二〇〇人
六月八日〜三日間	弘前師団	各隊及び学生	三二〇〇人

同十五日～三日間	青森高等小学校	学生及び公衆	一二三〇〇人
同二十一日～二十二日	同	第二十五聯隊	一三〇〇人
二十五日～三日間	岩手県盛岡中学校	学生公衆	一二〇〇人
同二十八日	同県　農学校	学生	一五〇人
七月六日～三日間	若松市高等小学校	学生公衆	一二〇〇人
同十五日～四日間	福島市公会堂	公衆	三五〇〇人
八月一日～六日間	北海道札幌創成学校	学生公衆	二三〇〇人
同七日	札幌遠友学校	同	一二〇人
同十日～十一日	月寒歩兵第二十五聯隊	軍人	一〇〇〇人
同十九日～五日間	小樽稲穂学校	学生公衆	七〇〇〇人
同二十九日～三十日	北海道庁内	官吏その他	五〇〇人
九月一、二日	赤十字社内	官吏公衆	二〇〇人
同十六日～三日間	増毛港小学校	同	二八〇〇人
同二十一日～二十二日	萠町小学校	同	七〇〇人
同二十四日	鬼鹿	同	二〇〇人
十月五日～三日間	旭川兵営	軍人	三五〇〇人
同九日～三日間	旭川忠別小学校	学生公衆	三七〇〇人
同二十四日	函館要塞砲兵		二〇〇人
同二十四日～四日間	同　大谷派別院	学生公衆	一〇六五〇人
同十八日	同　興隆寺	公衆　幻灯	三〇〇人
十一月十二日～四日間	秋田県会議事堂	学生公衆	七〇〇〇人
同十七日	同　楢山揚武館	公衆　幻灯	五五〇人
十一月二十九日～十二月一日迄	岩手県一ノ関	学生公衆	七〇〇〇人
十二月六日～七日	山形県歩兵第三十二聯隊	軍人	一五三〇人
同十二日～四日間	山形県会議事堂	学生公衆	七五〇〇人
同十八日～三日間	山形県米沢市		六五〇七人

明治三十五年

一月十二日	東京麹町区	衛生会員	二〇〇人
同二十九日～三日間	横須賀要塞砲兵	軍人学生	五〇〇〇人
二月二日	同　海兵団	海兵	二七〇〇人
同二十一日～二十三日	同　水雷団	海員	一二〇〇人
同二十五日	同　機関学校	同	三〇〇人
三月二日	同　機関術練習所	同	二五〇人
同十日	鎌倉御用邸		
同十二日～十三日	神奈川県師範学校	学生公衆	一五〇〇人
同二十日	小田原御用邸		

（以下不詳）

この後の記録は不明にて、確たることはわからないが、明治三十六年一月二十日の、熊本県会議事堂で行った講演会までに、百二十六万二千七十七人というから、大正二年、丈雄が没するまでの総計は、おそらく百五十万を突破していることであろう。

ここに掲げた一覧表を、各一行宛て読みくだしてゆくことすら読者は相当に労力を要するであろうが、丈雄はこの一行々々を、交通不便なる時代にもかかわらず、幻灯の機械をさげ、あるいは偉大な油絵を車馬に曳《ひ》かせて、その行程は幾万里か想像も及ばぬほどの山間僻邑《へきゆう》を、ただ一つ、護国の大義を提唱して巡歴を続けたのである。

丈雄の面前においてその護国講話を聴いたこの百数十万の人々は、必ず五人や十人の知己にその精神を伝えたに違いないと考えて見れば、丈雄が蒔《ま》いた赤誠の種子は、実に一千万以上の人々の脳裡に萌芽したのである。

そしてその行程を繋《つな》ぐことが出来るとしたら、ああ、地球を幾回巡ったことになるであろうか。

北條時宗祭

唯だ有り　行人　風力を説き
忠魂　祠《まつ》らずして　沙場に委《ゆだ》ぬるを

と、明治二十一年の詩にあるように、人々は文永、弘安の両役の勝利が、ただ颶風《ぐふう》や颱風《たいふう》の僥倖《ぎょうこう》によったものであるということだけを説いて、その熾烈《しれつ》な戦いに身命をなげうって皇国の護りを完《まっと》うした忠魂のあることを忘れ、これを祠《まつ》ることすらしないのを歎いた丈雄は、元寇紀念碑の建設とともに、そうした英雄の祭祀《さいし》をも起こして、ますます民衆の護国精神を昂揚せねばならないと考えていた。

さきに竹崎季長を顕彰し、また壱岐国瀬戸浦に少弐資時の墳墓を発見してその祭祀を復興させたのも、みなその英雄崇拝の心からである。

なかにも、その数多の英雄を培い、また指導して、愛国の旗の下に敢然《かんぜん》と死を以て戦わしめ、国運の前途を完うした北條時宗の功績は抜群である。しかるにこの大功ある英雄を誰も祭祀しようとするもののないのはいかにも残念でならなかった。

元寇の事蹟をあきらかにすることが、もっとも国民の愛国心を奮起させるものであると信じている丈雄は、どうにかしてこの時宗の祭祀を起こしたいと考えた。
この北條時宗の開基になる寺が、鎌倉にある圓覚寺であって、そこには時宗の霊像も残っていたので、明治三十五年の四月に丈雄はこの圓覚寺に参詣した。そして、その時、圓覚寺の官長をしていた釈宗演に会い、時宗の祭典を起こそうと計画をいろいろと話した。

更に宋僧を招きて　法筵を開き
胡塵　掃い尽くして　皇天に答えん
君知るや　大悟《たいご》　当年《とうねん》の事
枯禅に在らずして　活禅に在り

そしてこの七絶を吟じて宗演に差し出すと、宗演は丈雄の赤誠に感激して、

護国の精神　皎として　曦《ぎ》の若《ごと》し　（曦《ぎ》＝日の光り）
英雄の心事　英雄のみ知る
幸い湯氏に因りて　遺烈彰われ

活現す　果公の　鉄面皮

と一詩を酬いた。

丈雄はまた、ただちに左の一首を詠じた。

ゐながらに相模の太郎時宗は　筑紫の海の寇はらひけり

ひとたび心に決すると、断じてこれを行うのが丈雄の信条である。

この時宗の祭典復活についても、殆ど寝食を忘れるまでに東奔西走して有志を説き、檄を飛ばして努力したのであった。その甲斐あり、いよいよ、明治三十六年四月四日、時宗の命日をもって、一大祭典が挙行せられることになった。

その日参集した朝野の名士は数知れない程であったが、なかにも、横須賀海軍鎮守府から参拝の列に加わった海軍将校の一団は、まさに天上の群星が降《お》りたったかと思われるほど、圓覚寺に煌《きら》めき、その先頭に軍楽を奏しながら隊伍をただして陸続とくりこんでくる海兵団は、津波のような歓呼を浴びて、山に海にみなぎる万歳の声と児童が打ち振る日章旗の波は、さながら出征の兵士を送るような賑《にぎ》わいであった。

鎌倉には新しい血の脈うちが始まったように、松風さえもいきいきと冴《さ》え渡り、時宗の英魂はいまにして蘇生するかと思われるほどの盛況であった。

圓覚寺管長釈宗演は、丈雄の尽力によって、北條時宗の祭祀が復活したことを非常に喜び、左の感謝状を贈った。

感　謝　状

貴下今般当山開基北條時宗卿追祭挙行に際し、周到なる御斡旋により空前の盛典を見るに到る、実に感謝の至りに不堪候。特に蒙古大油絵の展覧並びに愛国幻灯の開会等に於ける熱心懇篤なる御説明は、一同愛国の大精神を喚起せしめたる事を確信致候。依って茲に謝意を表し候也。

圓覚寺

釈　宗　演

明治三十六年四月五日

湯　地　丈　雄　殿

この感謝状のなかにも書かれてあるように、この祭典の日にはかつて矢田一嘯が心血をそそいで描いた元寇歴史画の大展覧会をなし、また、丈雄が十数年のその巡歴遊説をたすけた幻灯を映写して、いちいちその説明をなし、海軍将校をはじめとして、各界の名士や、学生、老人、子供に至るまで、愛国の大精神を一層深く銘記《めいき》させたのであった。

その翌年には日露の開戦となり、この日、元寇の油絵や幻灯に感激した海軍の精鋭たちも、勇気征露の錨《いかり》を巻いて敢闘し、対馬沖の大海戦には、湯地丈雄の生涯を賭して建立した、元寇紀念碑、亀山上皇の御尊像の前面海上で、露国が誇るバルチック艦隊を撃滅したのである。

この曠古《こうこ》の大勝利の蔭に、丈雄はその功を語らず、ただひたすらに国運の盛なることだけを念じ、陋屋《ろうおく》の清貧に甘んじて、ますます愛国を唱導し、勝って兜《かぶと》の緒を締めよと、つねに報国一念に燃え続けたのである。

古今独歩の豊碑

堯《ぎょう》の世もおさまる民の誹謗木《ひぼうぼく》　樹《た》つる心や誠なるらん

丈雄が元寇紀念碑の建設を首唱して起ってからというものは、実に大きな反響をもって、これに心からの賛成をなすものは日とともにその数を増したのであったが、そのかたわら、つねに人蔭にかくれて、丈雄の悪口をなし、讒誣《ざんぶ》し、中傷妨害するものも少なくなかったのであった。また、新聞や機関誌などで、愚弄嘲笑《ぐろうちょうしょう》されたことも幾たびとなくあった。

その時の感慨を述べたのが右の一首である。そして丈雄は、これらの讒謗《ざんぼう》に対して少しも心を痛めることもなく、すべて自分の徳のいまだ足らないのであるとおのれを責め、それらの言句を集めて座右の鑑戒《かんかい》とさえしていたのであった。

この丈雄の人となりが世にあまねく知られるにつれて、いつしかその讒謗の声も薄らぎ、今まで悪口をのみ書いていた新聞や雑誌も、自然にその舌端を転じ巡らせて、いつしか丈雄の事業を推賞するようになってきた。

丈雄の講話は決して流暢なものではなかったが、その大音声を張りあげた熱血の叫びは、駸々《しんしん》として聞くものの胸を衝いたのである。

この元寇紀念碑建設のことを思いたったのは明治十九年であり、その計画を具体的に発表したのが明治二十一年であった。それから艱難と辛苦の春秋を経ること約二十星霜、不撓不屈《ふとうふくつ》の勇猛心をもって、竟《つい》に、明治三十七年十二月二十五日、ここに目出度《めでた》く元寇紀念碑は成就したのである。

二十年という歳月はなまやさしいものではない。その二十年の辛酸に闘い勝った丈雄の精神こそ不抜なるものである。

堅忍持久―という言葉を、身をもって示したものである。

護国大義―の精神を身をもって顕現《けんげん》したのである。

畏れ多くも　亀山上皇の御尊像をその上に戴き、筑前千代の松原に巍々《ぎぎ》として聳《そび》ゆる元寇の一大紀念碑は、その高さ七丈一尺、実に空前絶後の偉観《いかん》である。

その敷地は一万坪、小丘にもまがう紀念碑の土台敷地は約数百坪、亀山上皇御銅像は一丈六尺、その下に刻まれてある「敵国降伏」の四大文字は凡そ一丈、以て護国の鎮となるべき威厳《いげん》を充分に備えたるもので、これを仰げば、御尊像は白雲を衝くかとも思われ、遠く玄界灘の彼方を睥睨《へいげい》して、まさに外敵は一歩も近づけずという、厳然たる偉容《いよう》にそそり立っているのである。

丈雄が、この除幕式に読んだ祝詞《のりと》の末文に、

「今や天下に紀念碑多し、焉《いずく》んぞ此の元寇紀念碑に如《し》くものあらんや、茲《ここ》に全国同心衆徳を讃称《さんしょう》し、古今独歩の豊碑たる所以を反覆し、謹んで祝す」

とあるが、丈雄は実に、この大成功をあげて全国同心の衆徳《しゅうとく》に帰したのであった。

しかし、この衆の心を代表したのは、たしかに湯地丈雄の赤誠であったことは言うまでもない。丈雄が、この一大紀念碑を仰ぎ、その前に、この祝詞を読んだ時の感懐は果たしてどのようなものであったろうか、思えばうたた感涙を禁じ得ないものがある。

更に、この除幕式の祝詞の中で、丈雄はつぎのように述べている。

「目今《もっこん》の征露軍は其の労、其の苦固《もと》より前役の比に非《あら》ずして、連戦連捷其の勲烈《くんれつ》の偉大なるは宇内《うだい》を照らして余りあり、是《こ》れ蓋《けだ》し神霊の冥護《めいご》に依《よ》るなるべし、従って其の戦利品も亦た幾倍かなるを以て、之も早晩御尊像の傍らに並列せられて全勝奉告の日もあるべし、云々。」

この全勝奉告の日もあるべしという、丈雄の言葉はまさに実現された。

日露戦役の終幕となった日本海の大海戦は、この紀念碑の前面洋上に戦われ、空前の大勝利に帰したのである。そして、この戦いすんで間もなくのこと、時の連合艦隊司令長官であった東郷平八郎提督は、あまたの幕僚をひきつれ、この地に上陸して、紀念碑上に厳として在し給う亀山上皇の御尊像を仰ぎ奉りて、その大勝利を告げ奉ったのであった。

この亀山上皇の御銅像に用いられた銅材は、岩村知事、河島知事などの請願により、大蔵陸軍中将、押上同少将、福井海軍大佐、廣橋伯、金山貴族院書記官などの尽力によって、寺内陸相、西郷海相の特別許可を得、明治二十七、八年の日清戦役の際の戦利品であった敵の砲身を以て、これに供したのである。

この記念碑の歴史的意義が、如何に深遠であるか、この一事をもってただちに知ることが出来るのである。

この紀念碑建設発起以来、実に十有七星霜、その間、福岡県に於ける建設事務委員長としては、書記官廣橋伯に始まり、山崎書記官、猪鹿倉書記官、中原警部長、岩崎知事、岩村知事、曽我部知事、入佐書記官、深野知事、河島知事、山田事務官などが相ついでこの難事業の事務を引き継ぎ、そのおのおのが払われた苦心もひとかたならぬものがあり、その大いなる功績を忘れることは出来ない。

すなわち、湯地丈雄は精神家であって事業家ではなかった。精神の人と事業の人とはその使命が自然と異なっている。

精神家には事業家的才能のないのが当然である。それは、ものの発明家が、その製産者になり得ることが少ないと同じように。

丈雄はその点、まことによく自己を知るに明ある人であったから、自分は護国を絶叫し、国防を鼓吹《こすい》して万民の心を感動せしめ、奮って零砕《れいさい》の資金を義捐《ぎえん》しようと思い立たせたが、その金を如何に取り扱うかという仕事、即ち事業事務の事は、総てこれをその道の事業者に一任していたのである。

丈雄が若し、この物質的な事まで立ち入っていたなら、今日の成功は期し得なかったかも知れないのである。

しかし、元寇紀念碑は出来上がった。丈雄の献身的努力は、今や立派に結実したのである。護国の大勲章を、この山河秀麗なる日本国土の胸にかかげたのである。

しかも謙譲の徳美しき丈雄は、この紀念碑がまったく丈雄一個人の熱血をそそいで出来たものであるのに、その落成の除幕式には、一篇の祝文に胸中を披瀝《ひれき》したばかりで、その功はすべて他人に帰させ、ただ宿志をとげたことをもって満足し、さらに新しい護国の計画を樹ててそれにすすみ、前事はすべて忘れたかのようにして己の功を語ろうともしなかったのは、実に日本武士の襟度《きんど》ともいうべきものであろう。

この紀念碑には、必ず、湯地丈雄の名が刻んであることと思ったが、そのいずこにも見当らない。これはまえがきにも書いたように、丈雄は自分の名を紀念碑の表にとどめようとはせず、我が名と、これに苦労した家族の名とを石に刻んで、この豊碑の下に埋めたのであった。

御尊像製作者は山崎朝雲で、台座の石工は、國松利吉、國松清右衛門、廣田徳平、三浦次七、

山野宗次郎、中村正兵衛、小田部安平、國松利七、小田部久米三郎、廣田徳右衛門、戸部田猪之助、國松藤助、高野伍平の十三名であった。

若しこの元寇紀念碑に隣して、かつて護国の大精神を鼓吹《こすい》した祖国の恩人ともいうべき、湯地丈雄の顕彰碑がたっていたなら、これをたずねた人々は勿論、われわれの子孫に至るまで、どのように大きな偉人崇拝の心と喜びがもたらされたであろうか、それを思い、これを思えば、今まで湯地丈雄の功績を忘れていたことは、何か背恩忘徳の徒として、次代の子孫はわれわれを怨むのではないかと、ひとしお心寒く思うものである。

名婦湯地都尾子

丈雄は少年のころ、その父と母に逝《ゆ》かれてのちは、祖母都尾子の手一つに教え育くまれてきたのであった。都尾子は世にも稀なる賢婦人で、その貞節と徳操は世の子女の敬仰してやまないところでもあった。この都尾子あればこそ、丈雄のごとき偉丈夫が生まれ出たことも決して偶然ではないのである。

都尾子は熊本の藩士佐々文右衛門の女として、寛政八年三月二十三日、肥後国葦北郡佐敷の里に呱々《ここ》の声をあげた。

この佐敷という所は、熊本から二十里も離れた、肥後と薩摩との国境に当たる所で、当時は細川藩士隠罰《いんばつ》の謫所《たくしょ》の一つであり、隠罰として禄を減じこの地に在勤を命じたものである。

世人はこの地を薩摩押さえと称え、国境の要所として番代も置かれてある程の所であったが、謂《い》わば世に容《い》れられぬ変者奇人の集まった所でもあった。そのためそこに居る武士も、そこへ謫せられる武士も、一部からは忌憚《きたん》もされたが、また一部の人からは気概のある者として尊敬もされていた。

都尾子の祖先佐々文右衛門は、ある時農夫が馬に萱《かや》を積んでゆく処を、その後から火をつけたという罰によって貶謫《へんたく》の身となり、数代にわたってこの地に居住していたのである。

ここにまた、同じ熊本藩の二百石を領していた湯地龍彦が貶謫されて浪人の身となり、この地に移り棲むようになった。

龍彦の父、湯地順助はつねに報国の心厚く、文武両道に達し、かつて槍術修行の為奥州を遍歴して武名を轟《とどろ》かせた人であったが、龍彦が幼少の頃早逝《そうせい》したので、不幸にも龍彦は文武の素養に乏しく、性来の豪侠だけがはげしく、小事に頓着せず、たまたま軌道に逸することも尠《すくな》くなかった。

当時は各藩共に漸《ようや》く文弱に流れ始めていた頃であったので、その気風は人に容《い》れられず、ついに貶謫されて浪人の身となり、此の地に移って来たのである。

その藩のならわしとして、此の地に貶謫されるものは、たいてい夜になってからそっと城下を立ち退くのが例であったが、龍彦は白昼大槍をかかえて、時の藩校時習館に立ち寄り、友人の一人一人に別れの挨拶をなし、今より百年、辺境に止まる旨を告げてから出発したというような、一風変わった奇人であった。

しかし、都尾子の父母はその人物を見込み、所々よりの婚姻申込みを退けてこの龍彦に嫁がせたのである。時に都尾子は十六歳であった。

龍彦の母は厳格過ぎる程の人であったが、十六歳の花嫁都尾子はよくこの姑に仕えて、家庭はつねに平和であった。

都尾子が二十一歳の時、千代子という女の子が生まれ、二十四歳のおりに男子が生まれて暉《き》狼《ろう》という名をつけた。この暉狼が後の丈右衛門であり、丈雄の父である。

都尾子はこの一男一女を得た喜びとともに、今の境遇とこの子の行く末についてしみじみと思いをめぐらすと、このまま安閑として日月を送ることは出来ないと考えた。

思えば、藩士として城下にあるべき夫が、あられもないこの辺境に謫《たく》せられていることが如何にも残念である。如何ように苦労してもこの幼児を立派に教育して、掟《おきて》にかなった文武両道を兼備させ、天晴れ家名を再興させねばならないと固く心に決した。

その頃、佐敷の里に上林という儒者が居たので、都尾子は暉狼が七歳になるのを待ってその門に入れた。

上林の家も同じ村内であったが、都尾子の所から一里あまりも離れていて、七歳の幼児には毎日の通学がなかなか容易のことではなかった。その道筋は山つづきで、草木が繁り、行き交う人とてない恐ろしいほどの寂しい道である。

都尾子は家事に忙しい中から愛児の教養につとめる時間を見い出して、暉狼の未来につなぐ唯一の希望と愛情とをもって、この寂しい道を暉狼をつれて往来したのであった。

《可愛い子には旅をさせよ》とは何時の昔から言い始められた言葉であろうか。

兎角《とかく》世間の親たちは、わが子可愛さに却ってその子の教育と将来を誤ることが多かったが、都尾子は特にその点に心を配って、愛児の独立自治の精神を涵養し、臆病卑屈な習慣の起こらないようにつとめていた。

そのため、暉狼をつれて毎日上林先生の塾へ行くときにも、決して我が子の手をひいたり、あるいは背負ってやったりするようなことは絶対にしなかった。誰しも、子を思う親心は一つであるが、切ない自分の心をおさえて子に尽くすことこそ、まことの愛のささげであると思った。都尾子はいつも、十間か二十間位、暉狼の後になり、見え隠れについて行った。

稽古が遅くなり、帰り途に日が暮れて、あまつさえ風をまじえた雨が降り出し、月影は暗く、大人でさえも物凄《ものすご》く思われる程のある夜のことであった。暉狼ははじめのうちは我慢していつものように母の先に立って歩いて行ったが、あまりの恐ろしさに、

「母上、近う寄り給われ……」

と側近くに寄り進んで来ようとした。すると都尾子は暉狼に向かって、

「さても臆病なことを言う子かな、昔戦国の武士は七つ八つですでに敵陣に送られしこともあり、汝《なんじ》がつねに言う牛若丸は、子供の時より鞍馬山の奥にこもりて剣法を学ばれしぞかし、これ程の処だに恐ろしと思うは我が子でなきぞ」とすげなく押しやって前に歩かせた。

暉狼も母の心の容易に動く様子とてないので、仕方なくまた先に立って歩き出したが、その

恐ろしさには息さえつまりそうであった。

その姿を後から見守りながらついてゆく都尾子の心も切なく、ややもすれば、駈けよって抱きあげてやりたい気持ちに胸を衝かれるのであったが、その心を押さえて、またしばらく行くと、「ザブーン」という大きな水音がして、さっと迸る《ほとばし》水煙りが暗い月影のもとでかすかにきらめいた。「はっ……」と胸をつかれた都尾子は、さてこそしまったり、ついに水中に落ちたかと急いで駈けつけて見ると、川にはまったと思った暉狼は脇差しを抜いてそこの川辺に突っ立ち身構えていた。

「やよ、怪我はなかりしか、事情は如何」

と尋ねると、

「母上、安心あれ、いま川辺の獺《かわうそ》を手取りにせんとはやりしも、取り逃がして残念せり」

と答えた。

都尾子は思わず暉狼を胸にかき抱き、

「天晴れなり、我が子よ、武士の子よ……」

と肩を押し撫で頬すり寄せて、嬉《うれ》し涙にむせんだのであった。

しかし、生まれつきものおぼえの悪い暉狼には、かくまで母の心尽くしもそれ程の甲斐なく、さらに学問が進まなかった。都尾子はそれを深く悲しみ、これもつまりはわが身の心尽くしが足らざるゆえであろう、かくてこの山里に朽ち果てなば、祖先に対して申し訳なしと、いよいよ心を固め、上林のもとに暉狼をつれて行くと、そっと籬《まがき》の外に身をひそめて、上林が暉狼に授ける論語の声を聞きながら、用意の半紙に一々仮名文字で書き取り、暉狼が特に覚えにくい様子のところは心おぼえの印をつけておき、家に帰って裁縫などのかたわらに復習させ、忘れたところは前に書き取ってあった中から繰り出して教え、あるいは叱り、あるいは慰め、我が身を忘れてその教育に心を尽くした。

情なき草木さえも感泣するかと思われる、この都尾子の一日として怠らない苦心の甲斐あって、暉狼もついに全部の論語を素読するようになったが、同時に都尾子もその論語の全部を書き取っていた。

これが後日、有名になった「仮名論語」である。

家名を思い、子を思う真心《まごころ》は、都尾子の拙い筆にも力を与え、積もり積もってこの書き取りは仮名論語二十篇となったのであったが、この珍しい論語の書を借りにくるものが諸方よりかなり多く来るので、ちりじりになったり破損したりしていたのを、のちに暉狼は、有り難い母の心尽くしで出来たものを粗略にしてはならぬと、これを一つに集めて表装させようとしたが、都尾子は強いてこれを止めたのでその侭《まま》となっていた。

その後、明治三年になり、その孫丈雄の手によって残っているものをまとめて表装された。

このとき熊本大夫長岡氏（後の米田男爵）夫人は、

聞くままにかきながしたる水茎の　あとこそ家のをしえなりけれ
敷島のやまとこころの色も香も　ふでにとめたるからのことのは

という二首の歌を寄せられた。

しかし、惜しくもこの「仮名論語」は、明治十年の役（西南戦争）の兵火にかかり、その断片をとどめずに失せてしまった。

明治十四年、せめてもの心やりにと、丈雄はその道の人に依頼して、都尾子が、かの籬《まがき》の側らにひそんで読み声を書き取っている図を描かせ、軸幅として秘蔵した。

これを伝え聞いた人々はその写しをつくって、おのおのの家庭の床の間に飾り、尊敬するものが少なくなかったとのことである。

この母の苦心と熱情とによって、暉狼の学問は驚くほど立派に修められたが、ふたたび都尾子の心を悩ませたのは、青年になった暉狼の周囲をとりまく悪友たちのことであった。

その頃、佐敷の里の若者のうちには、相い集まって放逸怠惰《たいだ》のことばかりに耽《ふけ》っているものが多く、たまたま学業に志すものがあると、無用のことをするものであると反って嘲《あざけ》り笑うような悪風があった。

せっかく、都尾子が身も魂もうち込んで学問に専念させていた暉狼も、ふとした心の隙からそうした悪弊に染まり、都尾子が懇々とそれを戒めると、ついには母の眼をぬすんでひそかに悪友と遊びたわむれているようなことさえあった。

これは到底尋常なことでは反省させることが出来ないと知った都尾子は、心に深く決するところがあって、ある日暉狼を呼び、わが家の後にある人里離れた森につれて行って、

「汝に常に繰りかえし諭せしは、家の行く末と汝が未来の出世を思えばなり。汝が父のあらぬ事よりかかる辺鄙《へんぴ》の地にさすらい棲《す》めることは家門の汚《けが》れなるに、汝はその恥をそそがんとは思わずや。汝をして如何にもその恥を雪《すす》ぎ家名を起こさしめんと、明けくれ心を苦しめる母の心を汝は汲み知らずして、かくも我が教えに背き、壮気に委せて卑俗に染まんとす、生きながらえて何の楽しみかあらん。汝もまた此の家に生まれ再び家名を雪《すす》がざれば、男子に生まれし甲斐なかるべし、父君一人残しましして不貞不孝の者共と思召さるべきなれ共、なお此の上に恥を重ねんとするよりは、今茲にて母共に死出の旅立ちをいたさん」

と息せきこめて､暉狼の脇差しを引き抜き､今にも一突きに暉狼の胸板を突き刺そうとした。

暉狼はただ涙に濡れたおもてを伏せて、母の言葉に泣き沈んでいたのであったが、この時静かにこうべをあげて、

「何卒、しばし待たせたまえ。かくまでもお心を痛め参らせし私の罪は何を以てか御申し訳致すべき、母上は父君の御介抱をこそ願いたてまつらめ、暉狼はみずから死をもって、この御申し訳致さん、その刀渡したまわれ」

と母の手よりその小刀を取っておのれの腹に突きたてようとした。

まことに改悛《かいしゅん》のありさまであったので、都尾子は心から喜び、

「よくも、よくも言いしかな、よしよし、おのれその腹しばし預からん。今後ふたたび、此《かく》の如きことあるべからず」

といって、刀を納めさせ、母は子の、子は母の心に溶けて思い迫り、しばらくは互いの胸に泣き伏していた。

このことあって以来、暉狼の行状は大いにあらたまって、ますます業を習い、徳を修め、いつかは佐敷の里の君子として人々の敬仰のまととなった。

都尾子が、わが子の教養のため如何に心を注いだかということはこの一事によっても知れるが、なお、剛毅の気象を養なわんがためには、まだ少年であった頃の暉狼に、たいそういかめしい大きな太刀を佩《は》かせて、時には佐敷から二十里もへだたっている熊本へ使いをさせたこともあった。しかし、まだ何分にも腰が弱く、ただ単に遠路を歩くということさえ困難なくらいの時であったから、暉狼はいつもその太刀を手にかかえて往復するのであった。

この太刀は、かつては東京九段の遊就館に陳列せられ、ありし昔を偲ばせていたのであるが、いまは名古屋の湯地昌雄の保存するところとなっている。

このように、子の教育に粉骨砕身していながら、また一家の主婦として、妻として日常にも、人の及ばぬ苦心をしていた。

龍彦は浪人の身であるから、もとより家計は豊かでない。その上、人一倍豪放であったから、都尾子は薪水の労もみずから行って、いわゆる、子に臥し寅に起きるという賃仕事までして一家の生計を支えていたのであった。

そして、ほとんど二十三ケ年の歳月は、朝夕の烟《けむり》さえ立てかねる生活でありながらも、夫龍彦には勿論、世の人の誰からも後指ひとつささされることもなく、湯地家の名誉を全うしてきたのである。

それはただ一つ、都尾子の《勤倹勤労》の賜にほかならなかった。

都尾子はその貧苦が酷《きび》しければなおさらに深く夫をいたわり、――さだめし夫も今の貧苦に心を痛めていられるであろう――と、つとめて不快な顔など見せずに、つねに慰め励まして、みずからを忍んでいたのであった。そして暉狼の教育のためには、わが食をも縮めてその弁当の不足のないように心掛けたのである。

これほどまでに都尾子が苦心して生計を立てている折りもおり、天保七年の大飢饉となってしまった。

さらぬだに貧しい人の多かった当時のこととて、人々はいよいよ苦しみの底におち、餓死する者も日に幾百というありさまであった。

とくに日頃でさえも貧苦の限りを尽くしていた湯地家の苦しみは言語に絶するばかりであったが、それでも祖先代々から伝わった家財などには一つも手をふれずに、何とかしてこの大飢饉を切り抜けようと努力した。この一家を支えた都尾子の苦心は推《お》しはかることが出来ない。

のちに、暉狼がこの時の母の恩を忘れぬためにといって記録して置いたものを見ると、

一、大豆飯。
一、どんぐり飯。
一、葛根団子。
一、床唐芋、いつもは捨て候らえども腐《くさ》り入らぬ所を取りて食べる。
一、米粉一杯、小麦かす一杯、糠《ぬか》一杯を合わせ団子として食う。
一、唐人飯として米をいり、水に一夜ばかりひやかし飯にたく。
一、あらめ飯。
一、くさぎの葉、おうばこの葉をゆでて飯に入れる。

一、麦飯などは上々の品に候。
右の品々に米が少し処々につき候位に見え候事。

右の仕合に御母様働き一つにて世を渡り候。前々よりの家具も漸く持届候も、御母様ならずして外人にては容易に出来がたき事と相考え候事。


と記されており、その苦心の程が察せられる。

天道は人を殺さずとかや、都尾子の善行はいつとはなく村中の評判となり、近村にも伝わり、その名はたちまち四方にひろまり伝えられたので、ついには藩主細川侯の御耳にまで達し、吾が領内にこの如き賢婦人のあることは実に一藩の名誉なりと仰せられ、飢饉のあった翌年、即ち天保八年七月二十四日、都尾子の善行を賞する為にといって、もと通りに扶持米を賜ること、かつまた、熊本に帰参すべき旨の御沙汰があったのである。

都尾子の努力は今こそ酬《むく》いられ、その宿望は達せられたのである。

顧みれば二十三年以前、即ち十八歳のとき、些細《ささい》なことにより流浪の身となり、不自由な僻村に寂しい月日を送っていた龍彦や、帰参の日を唯一の希望にしてあらゆる辛酸をなめ尽くしてきた都尾子、またその母の心に泣いて学びに励んでいた暉狼など、ふたたび熊本藩士として城下に帰れる喜びは無量のものであったろう。

いよいよ二十三年の間に住み馴れた佐敷の里を引き払って熊本に帰るということになって見れば、別離の情を禁ずることが出来ない。ことに村民たちは父母にでも別れるような気持ちで非常に名残りを惜しんだ。

都尾子がこの里にあるとき、その生活の助けとして養蚕《ようさん》をしたこともあった。その折には、つねづね都尾子を敬仰していた村人たちは、山などへ草刈りに行く途中には、桑の葉を持っていってそっと入口に投げ込んで置いたこともあった。

また村に争いごとでもあったときには、都尾子の面前につれて来て双方を和解させることがしきたりのようにもなっていた。

これをもっても、如何に村民たちに慕われており、徳望があったかがわかるのである。それだけにまだ、いざ別れるとなるとみなその帰参を祝いながらも心の底では悲しみに堪えなかったのである。

そうした村人の心づくしに送られて、湯地龍彦の一家は、この佐敷の里をあとに、黒髪村（後の飽託郡内）の立部という所に移って来た。

熊本に帰ると都尾子の徳望はいっそう高まった。

家老の長岡監物はその善行に感嘆して、毎年米五俵宛を送り、その別邸採釣園に招いて、夫人やその家臣の子女など百余人を集め、女の心得について話させ、女の模範とするよう監物自らも講話を行って都尾子を推賞した。

かくして、湯地家は積年の希望を達することが出来たばかりでなく、家運はますます栄え、一家の喜びは非常なものであったが、満つれば欠くる世の習いか、天保九年、帰藩して一年しか経たぬのに、この栄達をねたむもののため讒誣《ざんぶ》され、またまた湯地家に不遇の風が吹きすさんできた。

龍彦があらぬ疑いによって未決監に拘留される身となったのである。

都尾子は悲嘆にくれたが、牢中にある夫を思えば、おのればかりが暖かく畳の上に眠る気持ちにはなれず、たとえ何年でも夫の疑い晴れて帰る日まではと心に決め、毎夜板の間に寝て夫の苦しみをわが苦しみとした。

そして三年、その白肌が凍るような冬の夜も、ついに畳の上に寝ることなく、夫の心を察し身を想って冷たい板の上に起き臥していたのである。

かくまで都尾子は心を痛めていたにもかかわらず、不幸の上に重なる不幸ともいうべきか、夫達彦は牢中に病み、その病は日に増し重《かさ》なってゆくのであった。

この時、暉狼は名を丈右衛門と改め、二十歳の立派な武士になっていた。そして、母の労苦や父の病躯《びょうく》を想うとそのままじっとしておられず、みずから牢に入って父を看病し、是非とももとの元気な体にしたいと覚悟をきめて、たびたびその趣きを願い出たが、掟《おきて》の定むる所は如何ともすることが出来ず、ついに聴き届けられなかった。

子としては無念この上もなく、いまはなすすべとても尽きたので、朝夕冷水をあびて神に祈りをささげ、父の病の平癒《へいゆ》を願った。これをひそかに聞いた龍彦は、そのようにまで妻子は不徳な我れを想ってくれるかと、両手を合わせて男泣きに泣いていた。

天保十一年となり、龍彦の疑いもようやく晴れて出獄を許されたが、健康は兎角《とかく》に勝れず、天保十三年、四十七歳の男盛りをもって卒した。

この間に於ける母子の節操と孝養は藩主を深く感動させ、翌十四年十一月十八日、母子揃ってその行動を表彰され、左の状を賜った。

丈右衛門母儀夫存生中事方宜敷死後追善も厚且又姑へも能事子供教育も行届候様子委敷達尊聴奇特之儀被思召上候依之目録之通被下置旨被仰出候以上

目録

御紋付御小袖　　一

また丈右衛門に賜ったものは、

右者父存生中事方宜敷死後追孝も厚且又母並祖母へも能事候様子委敷達尊聴尤之儀被思召上候此段可申聞旨被仰出候丈右衛門へ可被申候以上

御紋服は藩主の九曜紋であって、女にして紋服を与えられることは、殊のほかの光栄なのであったが、これを拝領した都尾子は、この紋服を身につけることは、夫の不行状を告げ歩くにも等しいからといって、拝領の日のたった一度袖を通しただけで、あとは永久に着用しなかったとのことである。

幼年の頃はものおぼえが悪く、母をひとかたならぬ苦労をさせた丈右衛門も、成人した今日は藩中でも屈指の人物となり、湯地家を相続して間もなく、藩校時習館の先生と仰がれる人となった。

その後、家老長岡監物は、この丈右衛門の講義を聞くために、熊本城下の坪井というところに家をさがして、立部に住んでいた都尾子母子を其処へ招いたほどである。

これをもっても丈右衛門の人望が篤《あつ》かったことがわかる。

丈右衛門はその後、妻を得て、まもなく丈雄、恒雄の二子をあげた。

安政三年、都尾子は六十一歳となり、丈右衛門は盛んな賀筵を開いて、その労苦多かりし母を慰め孝養を忘れなかった。

この折、監物の姉みと子の方は、老松白鶴の図を描いて贈り、また諸方より祝の歌などが無数に寄せられた。その二、三をあげると、

雨をしのぎ風にたへにし宿の松　かねて千とせの色やみすらむ（澤村則武）
この本の道ゆき人もことほきて　千年をまつのかけたのむなり（高田利友）
たくひなき操をよもに顕はして　道あるみ世にあへる老松（久野正頼）

などがある。

都尾子は、かくまで藩中の師表と仰がれるようになった丈右衛門のことを、この上もなく老後の喜びとしていたのであったが、万延元年六月二十六日、丈右衛門はふとした病がもとで、母や妻子に心を残しながらも帰らぬ人となってしまった。

杖とも柱とも頼む丈右衛門に先立たれた都尾子の悲しみは切ないものであったが、今、気を落としてはならぬと心を丈夫にして、まさに入棺してその蓋《ふた》をしようとする時、丈右衛門の死体にむかって、

「丈右衛門よ、汝は老母と子供を遺して逝《い》くは、いかに悲しく思うらむ、されど、今はゆめゆめ思い残すことなかれ、汝が愛子の教育はこの老母が引き受けたるぞ」

と涙も見せず、血を吐くような声をしぼって言いきかせると、さすがになみいる満座の人々は、その痛切さに堪えかねて声を発して泣いたということである。

その後、明治六年、かねて病弱であった丈右衛門の妻も、愛子を姑都尾子に託して逝ったので、都尾子は丈右衛門の棺に向かって誓ったとおり、その忘れかたみの丈雄、恒雄の二人の孫を、かつての暉狼を育んだ日のように、雄々しくもまたいたわしい程その教育に専心した。

都尾子は八十路にふみ入れても、なおかつ敢然として家事にはげんだのである。

明治十年、西南の役となり、都尾子たちの住む坪井は丁度戦場の真中になってしまったので、弾丸雨飛の間をくぐり、天にみなぎる火炎の中を避けて野宿の難儀を重ね、家財は悉《ことごと》く焼燼《しょうじん》せる中にも、かつて、天覧を賜わりし加藤清正の征韓旗なる七字の題目、僧日蓮の自署ある紅緒白字の霊旗だけは都尾子は身をもって守り、ついに持ちのがれて、これを保ち得た。八十二歳の老媼とも思えぬこの甲斐甲斐しさは、という絶賛に値することであろう。

この西南の役では、丈雄、恒雄の二人の愛孫は官軍に従い、甥の佐々干城、友房の二人は賊軍に属して親族互いに敵味方となったが、都尾子は官賊の正邪を問わず、おのおのその従う所を尽くされよと祈っていたということである。

西南の役が終り、同時に丈雄は愛知県に奉職することになり、この地に弟恒雄を従えて移り棲《す》むことになった。

この丈雄は、幼年にして父を失った不幸の身ではあったが、名婦都尾子の完璧な薫陶と賢母の愛に育まれただけあって、忠君愛国の心が厚く、また孝養の志も深く、平素から、どうにかして老後の祖母を慰めたいと思っていたので、愛知県に奉職すると間もなく、わざわざ熊本まで都尾子を迎えに行って任地につれて来た。都尾子は切なる孫の孝心に感じて老体をおし、なつかしい故郷の空を後にして、名古屋の丈雄のもとに身を寄せた。

名古屋につくと、間もなく都尾子は床に臥す身となった。丈雄をはじめ一家のものはいたく心配して、心限りの看護をなし、平素の高恩に報いようと勉めたが、なかなか都尾子の病は癒《なお》らなかった。

都尾子は在来薬というものを飲んだことがなかった。薬を飲むことを好まず、信念によって生きてきた人であった。

それだのに、この時に限ってつとめて薬を飲むので、丈雄は不思議に思ってそのわけを尋ねると、

「我れ老いて、いまさら命を惜しむにもあらず、しかし、折角にお前たちがこの地まで私を呼び寄せたは、全く私に孝養を尽くしたい為であるに、いまここにくるや間もなく、病の為に死に果てることとならば、お前たちの志も水の泡となり、定めて遺憾に思うであろう。また親戚の者などより、長い旅を無理したからなどと思われては、いかにもお前たちの孝心に対して

気の毒であり、また残念でもあろう。それがいとおしさに苦き薬も呑み、いましばし是非生きのびんと思うばかりなり」

と言われたので、祖母のかくまでわれらのことを想ってくれるかと、嬉しい涙と悲しい涙がこもごもに頬を伝わり、言葉さえ発することが出来ずに都尾子の枕辺にひれ伏していたのであった。

万障百難に屈することなかった稀世《きせい》の女丈夫、湯地都尾子も、かくして丈雄一家の心尽くしも及ばず、ついに明治十年十二月十一日、敢《あ》えなく不帰の客となった。

丈雄はこの祖母の霊をあつく慰めるべく、名古屋新出来町の徳源寺に葬って、その追善供養をなした。

かつて幕末の志士米田是容は、都尾子を孟子の母にならべて、婦人の亀鑑《きかん》なりと嘆賞し、また井上文部大臣は丈雄に書を送って《御先大妣夫人の御懿徳《いとく》三誦し後感涙に堪えず候》と激賞している。

今、婦徳のみち漸くさかんにならんとするとき、志あるもの、誰か徳源寺墓畔に都尾子の名徳を訪い、その余徳に浴せんとするものなきか。

栄良院松室貞操大姉の墓碑銘は、金鯱の輝きにもまさって、永遠にその徳の香気と光とを放っていることであろう。

青雲時代

湯地丈雄の青雲時代ともいうべきときは、維新の黎明《れいめい》ともいうべき、風雲乱れ飛ぶ時代でもあったので、その成長の期におけるあわただしい時の流れに際しての動きをとどめるため、ここにその略歴を抜粋して置くことにする。

弘化四年四月四日　誕生、幼名丈熊。
万延元年　父没し家督相続、時に十四歳なり。組附中小姓に被仰付。
元治元年　冬、長門の役あり、細川侯の公子良之助君（後称護美郎子爵家なり）小倉出陣に付供奉、翌年正月凱陣す。時に十八歳。
慶応元年六月　太子右京大夫君に供奉し京都に上る。（十九歳）
同年八月　帰国。
同年十二月　重ねて供奉上京し、二十九日着阪す。
慶応二年正月二日　発阪、三日御入京あり、時々徳川、会津、桑名の兵、我が兵にまぎれ入京せんとす。薩長の兵出でてこれを阻む。則ち維新の開戦なり。

同年三月　京師にて銃隊指揮役助勤拝命、継いで横浜警衛の命を受け、海軍に従い東行、大原卿提督たり。直ちに江戸に至着、細川藩邸に宿営す。
同年五月十五日　東叡山の役を討す、我等赤坂門を守衛して争するを得ず。奥羽征討軍進む。
同年七月　帰藩の命あり、大阪に至り、江戸遊学の命を受け再び東行す。此年江戸改めて東京と称す。
始めて行幸あり、江戸城、行在所となる。
十一月、命ありて帰藩す。
明治二年正月　太子右京大夫君に供奉して西京に入る。（時に二十三歳）
同　七月　桂御所警衛を命ぜらる。
明治三年三月　命ありて帰藩す。
同七月五日　　藩掌拝命、席順は時習館句読師習書師の上座なり。
同　同月　藩命　東京詰命ぜらる。但し外交専務。
同　十二月　豊後国日田県下暴民蜂起に付急速帰藩の命あり。大阪に至り熊本藩山田小参事に面会周旋す。時に四條陸軍少将兵を率いて進軍を議決す。大蔵大丞、松市助左衛門、共に出御、汽船凌雲丸に同乗す。
参議木戸準一郎帰国馬関より上陸、余は小倉より上陸、急行帰藩す。此際　勅使岩倉公薩より長に至る。時に熊本藩安場権大参事日田郡へ出張に付き随行、翌日安場大参事長州へ赴き、木戸参議、松山口藩大参事と共に岩倉勅使を出迎えり。
明治四年正月七日　勅使薩州より廻着、大久保参議、西郷大参事随身なり。会議の概略は維新以来朝政不振を以て一層各藩勉強あらん事を議する為なり。ここに於いて、時に三藩共献兵の議あり。岩倉公、余をして土州に赴かん事を勤む。故にこれ迄同伴したる原田、木村の両名と分かれ、彼等は熊本に帰り、余は、大久保、西郷、松本と共に長州の軍艦に乗じ高知藩に到る。板垣退助面会、三日を経て帰藩す。
同　二月六日　薩行す。田中司同伴たり。恒雄（実弟・著者註）江村猛など随行せり。大山鹿児島藩大参事、野津、海老原、西口大参事など、献兵の命を奉じて帰藩あり、直ちに面会して事情を聞く。此の時各藩の志士薩に来たる者七百余名、盛なりというべし。
同　二月下旬　該藩の汽船に乗じ陪陽へ廻る。
同　三月五日　帰藩す。此の時久留米藩には長門の脱徒潜伏し居る故、長薩両藩の兵を出して之を討たしむ。余、日田及び久留米に出張す。事すでに鎮静す。直ちに上京命あり、瀧口藩邸に入りて滞在す。
同　七月十四日　廃藩置県の改革あり、命に依って帰国す。

同　十一月十五日　阿蘇郡野尻口矢津田組戸長を命ぜらる。翌年より野尻組命儀となる。
明治五年五月　上書建白す。
明治六年三月十五日　下益城郡へ転勤す。
同六月二十六日　母上様御逝去。
同七月二十日　福岡県へ出向の命あり。
同七月二十七日　福岡県史生を任ぜられる。
明治七年一月　佐賀県逆徒追討に付、同表へ出張す。
同　五月四日　同上、依頼免本官。
明治九年八月二十一日　愛知県第三区区長を拝命す。
明治十年三月三日　出征、第三旅団本営所属申付の事（旅団本営）
同　四月三十日　出征第三旅団本営附属差免。
同　九月六日　一等学区取締兼務拝命。（愛知県）
明治十二年十二月二十八日　愛知県七等属拝命。
明治十三年三月二十七日　鹿児島県逆徒征討の際尽力其労少なからず候に付、金三十円下賜候事。（賞勲局）
同　四月十六日　依願免本官。（愛知県）

同　八月十九日　任内務六等属。（内務省）
明治十四年四月十二日　任農商務六等属。（農商務省）
明治十五年十二月二十日　石川県四等属申付候事。（石川県）
明治十六年二月二十三日　任警視属。（但月俸四十円下賜。警視庁）
同　十二月二十八日　任巡査長。
同　明治十七年六月十七日　任警察副使。
同　十二月　本年中職務勉励に付、慰労の為、慰労金十円下賜。
明治十八年七月七日　任警部。板橋警察署に勤務。
同　十二月　慰労金十円下賜。
明治十九年二月十七日　非職申付。（警視庁）
同　五月六日　任福岡県警部。（福岡県）
同　同月十四日　福岡警察署長申付候事。（時に歳四十歳なり。著者註）
明治二十三年、依願免本官。（これより元寇紀念碑のことに奔走す。著者註）

丈夫《ますらお》終焉記

明治三十七年、丈雄の生涯を賭し、その血肉をそそいだ元寇紀念碑が完成すると、丈雄はどうにか家庭の人となったようにも見えたが、その老躯《ろうく》にみなぎる血潮は、まだ護国活動に終止符をうたせる程冷めきってはいなかった。

明治四十年、いまや六十一歳の老躯をさげて、護国水雷艇幼年号の建造運動にふたたび挺身していたのである。

宋の文天祥《ぶんてんしょう》は、一日生くれば即ち一日君臣の節をつくす、と言ったが、丈雄もまた、一日半時たりとも、生命のあらんかぎりは護国の精神を鼓舞して、聖明に報いたてまつらんという宿望をもっていたのである。

豊碑建設の大業成ると、みずからは白雲とともに千里の彼方に去って、元寇紀念碑建設者という名を世人の前に謳《うた》われることを避け、その功は国民衆徳のたまものであるとなしたのであるが、丈雄のこの精神と生命はいまだ終わっていなかった。

水雷艇幼年号は前述のごとく、明治二十八年に思い立ったものであるが、当時はなお元寇紀念碑が完成していなかったので、力をこれに集中することが出来なかったのである。

明治三十七年にこの大紀念碑が出来上がってからは、わが家の畳に温まるひまもなく、丈雄はまたこのことに全力を傾けていたのである。しかし、いまだその金額は六千円に過ぎない有様で、それも、丈雄の空拳から湧《わ》き出でたものと考え、その至誠に感じた児童が小使銭のうちの一銭づつを義捐したものであることを思えば、これは如何なる大金よりも尊いものであるが、丈雄はおのれの努力の足らぬためであると言って、みずからを深く責めていた。

世には、公共のためと称し、また国家の為と言い、慈善事業の為なりと言って、他人の義捐をすすめる人は多いが、その集め得た金銭がすべてその奉仕者の志を満たすように使用されていたか否かはひとかどの疑問があった。

もちろん、捐資《えんし》をすすめるには、それに対する費用がかかるのであるから、それに相当する金額は、其の中から使用されるのは普通であるが、その使途さえ明瞭ではない場合も少なくなかった。しかし、湯地丈雄は、この護国水雷艇の献納運動に要する費用はいっさい自分が負担して、児童の赤心である一銭貯金はそのままそっくり、手つかずで貯金して置いたのである。これをもって丈雄が如何に清廉潔白の士であったかが知れよう。

彼《か》の、元寇紀念碑建設資金を勧奨した時も、世人は、あるいは山師とののしり、羊頭をかかげて狗肉《くにく》を売るものと冷笑した。しかし、これらは総て座右の銘として、ただ精神一到金鉄をもつらぬく決心と信念をもち、ついに成功したのである。

しかし、護国水雷艇を造るために、児童に貯金をすすめることは、かつて大人に対したのとは違って、いっそう骨の折れることでもあり、なおかつ金銭的には公明正大の万全を期さねばならなかった。

そこに丈雄のひとかたならぬ苦心があったのである。丈雄はつねに、

「俺はただ、太鼓を叩《たた》く役をするだけで、金は一文も手にしない。児童の真心はすこしの欠損もなしに、全部水雷艇の費用になるのである」

と言っていた。

その玲瓏《れいろう》とした曇《くもり》なき心根は、この訥々《とつとつ》とした言葉の中に漲《みなぎ》っている。

神国といわれる日本には、そのいにしえの昔より、今の世にいたるまで、忠臣偉人はその数を知り得ないほど沢山にあるが、その半生を国家に捧げ、一銭の報酬もなく、生活の保証もなく、なけなしの私財を投じ、なお且《か》つ妻子の内職や明日にも必要な衣裳まで金に替えて、ただひたむきに護国の二字へ挺身していたという例は少ないであろう。

丈雄は、いわゆる席の温まるいとまなしという有様で、二十数年来一日として閑居する日もなかったのであるが、あるいは少し暇でもあるように見える時は、いろいろの考案にふけっているときであった。

それも、世にいう楽隠居たちが、消閑三昧に茶器や花籠をもてあそんでいるのとはちがって、

その消閑の具それ自身が、つねに護国的、愛国的、更に言えば湯地丈雄的であった。

そのひとつは、水雷艇の模型をつくったことである。それは全部が鉝力《ブリキ》で出来ていて、長さは三尺にちかく、檣から汽罐、あるいは水雷発射管などまで備えてあるものであった。そして、この模型水雷艇は、水上に浮かべて汽罐に火をつけると、推進機が自転して、ひとりでに走るように出来ていた。そして、中に一人の水兵が信号旗を手にして立っていて、良い加減のときになると水雷を発射する仕掛けになっている。この汽罐を動かすには酒精《アルコール》が用いられていた。

この水雷艇は重量が軽いので、水溜まりや流れのない教室でも実験することが出来、帝国教育会で公衆に実験して見せたときは、防水布の上に水を湛《たた》えて行ったのであるが、立派にその性能を発揮して人々を驚嘆させた。

それから第二には、護国墨汁壺《インクスタンド》をつくった。これには、その蓋の裏面に護国水雷艇幼年号の縮図がきざみつけてあって、体裁もすこぶる優美に出来ており、丈雄の精神そのままに堅固に作ってあり、ひとたびこれを使用しようとして、児童がその蓋を開ければ、ただちにその裏面に刻まれた縮図から国を思い、水雷艇を思うという趣きに出来ている。

第三は、茶托である。それもまん中に幼年号を打ち出し、周辺にはいずれも忠君護国の意匠模様がつけてあるので、来客がまずいっぱいと茶碗をとれば、茶の芳香とともに、護国の観念が腸《はらわた》から脳天まで浸撤《しんてつ》するという趣きをもっている。

このように、丈雄のなすことは徹頭徹尾、護国の二字に徹したものばかりであった。

日露戦争は、国民全部が大いなる感動を起こしたものであるが、なかにも、丈雄のごときはその最たるものであった。丈雄は日清戦争の予言者であった。ただ単にこれを予言したというだけではなく、これに対して偉大なる警鐘をうち鳴らし、国防の急務とその実行を衆人の耳に最も深く響かせたものである。

彼《か》の《元寇の軍歌》や《日本気を付け》の一語が、如何にこの大戦役に従った国民の志気を鼓舞したかはかり知れないものがある。

日清戦争が済んでのち、国民はこぞって憾《うら》みを三国干渉の結果にのぞんだのであったが、丈雄はために従前より数倍の大声をはりあげて《日本気を付け》を叫んだのであった。

日清戦争を経て北清事変を過ぎ、国民の自覚はますます固くなり、かつて相模太郎が泰然として、胡元の恫喝《どうかつ》をしりぞけたごとくに、欧露の精兵が国境を圧してくるのをも撃砕《げきさい》した。丈雄の感動はじつに痛快を極めたものであろう。その後、護国幼年会に東奔西走しているのも、ひとつにはこの感動が老躯に鞭を与えたのかも知れない。

征露軍、威風堂々、いまや光栄ある凱旋《がいせん》の式を行うとき。丈雄は左の三絶句を吟じてその感懐を述べた。

曾《か》つて　元軍を覆し　今また露軍
玄洋の浪　万雷と聞こゆ
満清　併《あわ》せ得たり　雞林《けいりん》の景
総《すべ》て是《こ》れ　神州　男子の勲《いさお》

攻城　野戦　総て功成り
益々　万邦をして　国風を仰がし
感慨　最も深し　凱歌の曲
忠魂　暗《ひそ》かに祝声の中に在るを

貔貅《ひきゅう》　百万　精忠を尽くし
生還　難しくして　人同じからざるをいかんせん
伏して祭壇を拝すれば　涙限りなく
哭《な》いて　韓北　満州の空を望む

貧なにするものぞ、富なにするものぞ、金銭万能の濁流に敢然と立って、その半生を護国の二字に捧げ尽くした湯地丈雄にも、その花も実もある立志篇、また修身篇、献身篇、ともいうべき多彩絢爛《たさいけんらん》たる苦闘史に終止符をうたねばならぬ宿命の日が来た。

大正二年一月十日の夕刻である。護国幼年号のために奔走していた丈雄が、麹町区富士見町の自宅に帰るなり、長火鉢の側に俯伏《ふふく》して、顔面蒼白となり、唇を噛みしめているので、家人が驚いて駆けつけ、抱きおこして手厚く介抱したがついに及ばず、あまりの過労からきた脳溢血によって、あわただしい終焉《しゅうえん》を遂《と》げてしまったのである。

時に、六十七歳であった。

湯地丈雄が急逝したことを聞いて駈け寄せる人々は無数であったが、なかにも痛々しい児童のあまた泣いている姿は、なみいる人々の袖をしぼらせた。

護国幼年号はかくして未完成のまま丈雄は卒した。

畏きあたりから生前の功を賞して、爵位の御沙汰があらせられ、正七位を賜った。

英霊神に召さるるの日、かつての日丈雄が詠じた、

我れ死なばのりとあげるな経読むな　まなぶ童《わらべ》の歌でおくれよ

の志に報いる学童の一団が、小石川の伝通院（寿経寺）に粛然とおもむく葬列の後から、小さな手に弔旗をかかげて打ち振りながら、

四百餘州《よしゅう》を挙《こぞ》る　十万餘騎の敵
国難ここに見る　弘安四年夏の頃
なんぞ怖《おそ》れんわれに　鎌倉男子あり
正義武断《ぶだん》の名　一喝《いっかつ》して世に示す

多々良浜辺の戎夷《えみし》　そは何《なに》蒙古勢
傲慢《ごうまん》無礼もの　倶《とも》に天を戴《いただ》かず
いでや進みて忠義に　鍛《きた》えし我がかいな
ここぞ国のため　日本刀を試《ため》し見ん

こころ筑紫の海に　浪おし分けて往《ゆ》く
ますら猛夫の身　仇を討ち還《かえ》らずば
死して護国の鬼と　誓いし筥崎《はこざき》の

神ぞしろし召す　　大和魂いさぎよし

天は怒りて海は　　逆巻《さかま》く大浪に
国の仇《あだ》をなす　　十万餘の蒙古勢
底の藻屑《もくず》と消えて　　残るは唯《ただ》三人《みたり》
いつしか雲はれて　　玄界灘《げんかいなだ》月清《つききよ》し

と、涙にふるえる声をはりあげて合唱しながらその雄魂《ゆうこん》を見送った。

その朗々たる歌声は、木立をよぎり街かどを抜けて、そぞろに沁みる寒風の中を、坂を下り、坂をのぼって、はるかにはるかに消えていった。

湯地丈雄論稿抄

明治二十三年七月（茗渓会に於ける談話）

諸君は歴史上にて御存知の通り、日本国初以来、勝てば日本、負ければ異国という場合は、唯一度のほかありません。日本国内の軍さで、所謂《いわゆる》、勝てば官軍、負ければ賊と称えたる言葉は、近年まで度々聞きましたが、今後は聞きたくありません。今日は一応元寇紀念日という問題が、現今の如く世に中に生まれ出でたる濫觴《らんしょう》を御話致し、諸君の御参考に供し、併せて御尽力を希望するのであります。

此の挙は、明治十九年七、八月の間に胚胎《はいたい》し、二十一年一月に至りて世に発表しました処が、恰も好し、同年三月福岡県下に於いて、参謀旅行の大演習あり、全国の参謀長は同県下に集まり、其の作戦方略たるや、内外の交戦に擬したれば、元寇の当時を追懐せざらんと欲するも、得べからざるの状況を呈しました。

之がため、各将校の間に、元寇紀念碑建設の感情は自然に発動したるものと信じました。

果たして、伏見宮、北白川宮両殿下は、同じく御旅行先にて、率先御賛成を表せられたるを以て、発起人賛成者は漸次に増加致したので御座います。

されども此の間に於いて種々の惑説を為せる者なきに非ず、その一二を挙げれば。曰く、外国交際上に障碍《しょうがい》はなきや。曰く、支那人の感情は如何《いかん》。曰く、北條氏の功を表するは勤王心に背《そむ》かざるや。或いは古代を称するは保守的の仕事にして、文明的の事業にあらずと言い、或いは勧業教育の如き急務に非ずと言い、不生産的なりと言い、手前勝手な妄想と疑懼《ぎく》とを抱きしものありき。中には学者、若しくは有志者と呼ばるるものにして、之に雷同するあり。是れ等の人々に対しては、書万巻を読んで国を読まざるか。日本政府夙《つと》に明あり、四百有余万の銀行紙幣面に、当時の戦況を掲げたる精神をも、国民未だ悟らざるか。国民にして無神経ならんか。其の国士の危うきこと累卵も啻《ただ》ならず。眼を開けて宇内の形勢を観察せよ。何の暇ありてか牆《ほばしら》に鬩《せめ》ぐことを之為さん、と答えたる場合尠《すく》なからず。依って感情の分かるる処如何を見る為に、善感簿、不善感簿と称する帳簿を製し、遂には全国善感者のみと為さざれば惜かざるの希望を立てて居ります。漸く二十一年の末、及び二十二年の始めに当たり、機会と援助とを得て、京浜地方より近県へかけて激励を試みました。是れより初めて天下具眼《ぐがん》の士此の挙に許すに国家的問題たるを以てし、且つ外国人中にも此の挙の美なるを感じ、賛成義捐する者あるに至りました。概略斯《かく》の如き景況にて、今日の勢いに至りしも、畢竟《ひっきょう》は時運の然らしむる所、自ら国家的観念の成長したるは御同慶のことと存じます。冀《ねが》くは諸君が教育家たるの地位に立って、此の事業の完全に大成し得らるる様、御尽力あらんことを熱望して止みません。

偖《さて》、右の如く建碑の事が、既に内外人の共に希望する所となりし以上は、お互いに主客の別なく、遠近に論なく、共に相提携して国家の為力を尽くしたく存じ、愚衷《ぐちゅう》を残さず吐露《とろ》しました。終わりに臨み一言を立てて置きます。元寇紀念碑は、建てば国光、建てねば国辱と。

明治二十三年十月（東京教育会に於いて）

私は湯地丈雄と言う者であります。私は元寇紀念碑の建設に本望ありて出京しました。幸いに教育会に加盟出席するを得ましたから、教育上平常に抱く処の精神を一言し得るの栄を得ました。然し学は古今に通じ識は東西に明かなる教育者諸君の前にてお話し致すとは無遠慮至極でありますけれども、御用捨を願います。又た言葉の前後等は宜しく御取捨を願います。

却説御存じの通り、元寇紀念碑建設の趣旨は世上に普く知られて信ぜられましたが、最初の間は、毎度、人違い暗撃《あんげき》に逢うた様な事がありました。何を指して暗撃と言うなれば、近来は、紀念碑義捐の話が流行物となり、中には、頗《すこぶ》る厭《いと》うべきの性質もありし由にて、先ず紀念碑と聞けば主旨をも問わずして、冷却抹殺され、元寇紀念碑も之と同様に見らるることあり、其の遺憾さは恰《あたか》も暗夜の為か人違いか、又は暗撃せられたの歟と忍びつつ居ることもありました。

畏《かしこ》くも亀山上皇の御身を以て、国難に代《かわ》らんと祈らせ給いし事、並びに北條時宗の堅忍不抜《けんにんふばつ》の勲烈も疎《おろそ》かにするとは勿体《もったい》なし、又た当時の戦況を描きたる銀行紙幣さえ、四百九十万枚も人の手に充満し、之を見ながら其の精神に心付かざる無神経の国民あり、余りにも情けなき次第でありました。今日となりては、朝となく野となく、遠近となく、宗旨党派の差別なく、異口同音に国家の問題たるを許し、国権上将来に有益たる事を唱導せらるる様になりました。

日本国家の為にとり何より御同慶に存じます。諸君願わくは、将来の教育上に此の挙を利用せられ、幼少の生徒の脳裡に護国心を自然に醸《かも》し養われて生長させられんことを希望いたします。然《しか》るに、或る一部の人にして左の如き説を為す者があります。

当時の勝利は、颶風《ぐふう》の僥倖《ぎょうこう》にありて将士の軍功は見るに足るものなし。敵兵十万を鏖《みなごろし》にしたるは一事の出来事として不問に付し去るも亦た可なり。何が故に今日之を説く事を為さんや、且つ神仏に祈りし抔《など》のことは妄誕笑うべきものにして、究理上言語道断の至りなり云々。

扨《さて》も扨も日本に生まれて、日本に栖《す》み居る人が日本を評するに、無情無徳義の極みと言わなくてはなりますまい。

歴史を繙《ひもと》けば、其の身を其の地に置きて考えなくしては腐儒《ふじゅ》俗学の所謂《いわゆる》書万巻を読みてを読まざるの誹《そし》りを免れますまい。拙者の愚考《ぐこう》に依《よ》れば、当時の事は武力ありし故に、夙《つと》に功ありと思います。文永の役、彼の蒙古の大軍は壱岐対馬を奪い、乗じて、九州に襲来勢い猖獗《しょうけつ》を極め、筑前の海岸は尽《ことごと》く敵の有となり、我が軍は潰《つい》えて太宰府に退《しりぞ》き、漸く水城なる孤塁を守り防ぎたる位の事故、敵軍は大勝利を得、海岸は東西十里南北四五里の間には数万の軍をとどめ、陣を張り、営を敷くに充分なるべき陸地を捨てて、直ちに海上の船に引き揚げしは、則ち日本軍の武威《ぶい》を憚《はばか》りたる事は今更論ずるに及びません。果たして然らば日本国土を守りしは、日本人の武勲に帰せずしてはなりますまい。然して颪に覆《くつがえ》り海底の藻屑《もくず》となりしは、彼の卑怯に在り、其の颪は即ち日本の為に天助たり、又た神明の加護たるものでありましょう。若《も》しも其の時敵兵は陸に留まりて船のみが覆没せしならば、数万の敵軍は背水の陣となり、死地に入り幾層倍の猛威を逞《たくまし》うしたでありましょう。

又た、其の次の弘安の役に大軍を鏖にせし事を考うるに、伊予の河野通有の如きは家を出るに当たり、若し十年間彼より来らずんば我れより進んで征伐せんと迄《まで》神明に誓いを立て、其の誓文を火に焚《た》きて之を呑みたりとは最も有名なる決心にして、所謂其の来るを待つという位でなく、我れ行きて之を征せんとの気焔《きえん》ありし故に、博多海岸の守りは頗《すこぶ》る厳重にして弘安四年に至り、十万の敵軍来たると雖《いえど》も一歩も上陸する能わず、却って我れより其の船に仕懸け其の将を擒《とりこ》にし、船を焼く等の働きを為すに敵軍は船中に守戦の位置となり居たる故に、一夜颶風の為に覆えされ、我が軍は之に乗じて追撃し大功を奏し、僅《わず》かに三人をして生還せしめたりとは彼れ自国の歴史に明記する所たるは御存知の通りであります。

是れ等の事は少しく眼あるものは了解する事でありますけれども、従来教育の風俗地に落ちたる時世に成長したる者は、前段の如き妄想を抱くものもあるも是非なき事と存じます。尤も之等の説は歴史に暗く時流才子を気取りたる惰弱生に非ざれば、肉食者流又たは腐儒者流と指笑せらるる人にありて、活眼有為の人は決して言わざるを以て、国家の為頼もしく存じます。

今の戦いは干戈のみに非《あ》らず、智力、金力、気力の準備緊要であります故に、日本の将来を託すべき子弟を教育せらるる諸君の任は、誠に重且《か》つ大なりと信じます。

将来日本の独立は果たして如何。日本の興廃は果たして如何と慮る上に付いては時代こそ変われ文永、弘安、古代の君臣と、明治今代の君臣とは、其の感情の同じき事、憂患の均しき事、古今の奇遇と称し、又は古今の合わせ鏡と云うも可なるものと考えまする。

申すも畏《かしこ》きことながら、

亀山上皇は尊き御身を以て国難に代らんと祈らせ給いしと。

今上皇帝陛下には本年三月御身自ら大元帥とならせられ、櫛風沐雨《しっぷうもくう》、陸海軍の大演習をみそなわせられたるは、正しく護国の為、前聖後聖其の機一なりと仰ぎ奉るより外ありますまい。

果たして今日の所謂愛国の志士は古人に対して愧《は》じざるの勇あるや、国民は果たして死を致して去らざるの気象あるや、国家の前途を考え、共に杞憂に堪えざるは此の一義でありましょう。

元寇紀念碑なるものが今日に起こり天下挙《こぞ》って同感を表するも決して偶然ではありますまい。宜《よろ》しく全国の人が皆な我が物なりと考えて拵《あつら》え上げるに於いては、古今を貫き万世の為、威徳大業でありますから、各学校生徒にも能く此の精神を合点せしならば、御国の為には自然と無形の堅城と存じます。特に諸君の御承知の通り、本年三月、宮中の和歌御題に北條時宗を詠ぜられたるは扨《さ》て扨《さ》て畏き事にて、容易く看過すべからざる事勿論、日本国民として深く服膺《ふくよう》せなくてはなりますまい。封建の余臭と学問が狭くて眼球の小なるの弊とは申しながら、此の挙を以て尋常一様の紀念碑と見なし、或いは一地方の事業の如くに誤解して感覚の鈍き事、麻痺患者の血管不随と同一の事がありました。中には水なきに船を遣る抔《など》と誹《そし》る者さえありました。如何にも国の為め歎かわしい事であります。此の小国にして東は西を救わず、西は東を顧みずとの狭隘《きょうあい》心は、すなわち兄弟牆《けいていかき》に鬩《せめ》ぐの素《もと》なる事も猛省すべき事と存じます。

最早此の弊も追々と散ずるを喜びまするが、併し、凡そ事柄は何程能くても之に与かる人物が悪ければ敗るるは世の常でありますから、若し此の義挙を愛する上に付いて不信用なる事か、又たは不都合なりと御心付もあらば、遠慮なく御忠告を願い置きます。所謂人を以て言を棄てずとは古人の格言にて、今此の語気を転用して言えば、事業の為には人を棄つるも人の為に事を棄つるべからずという事は、堅く誓い置き度きものでありますから、誠意のある所深く御洞察の上、大成し得る様に一臂の力を添えられん事を希望して止まざるものであります。

果たして元寇紀念碑建設は国家の事なり。最早汝等の与《あず》かるに及ばずと言わるるの日は、仮令《たとい》目に紀念碑の物体を見ざるも死して瞑《めい》するの秋《とき》であります。

終わりに臨み一言致します。頃日《けいじつ》或る有志が義捐金を投じたるに、現住所を記して生国を記さざる故、之を記さしめたるに、其の訳を聞かるるに付き、之は生国の教育に愛国心を養成しあるや否やを百歳の後より徴するに足らしめたき精神なり、と答えたるに、其の人大いに感じ、出生の国と教育を受けたる国と併せ語り、此の主旨に賛成せられました。尤《もっと》も其の地名姓名は明言するもよけれども、後日に譲る方が却って美なりと存じます。

これは教育的の感情に係わるが故に一言申し添えまする。

因《ちなみ》に披露致し置きますが、文学博士重野先生の修監中に係る伏敵編なるものは、元寇の顛末《てんまつ》を知了し得る而已《のみ》ならず、之れより遡《さかのぼ》り外事に関する遠因を詳らかにしたるものでありますから、近世無比の歴史とせらるるを信じまする。

元寇紀念碑設立に就いて（於、東京第一高等学校　本校生徒　筆記）

古人曰く、之と言うべくして言わざれば人を失う。之と言うべからずして言えば言を失うと。嗚呼《ああ》、余何の幸いぞ、之と言うべきの人より言うべきの席を与えられたりとは。顧みて余が独り言うに任《た》えざるは実に赧然《たんぜん》の至りなり、諸君乞う之を恕《ゆる》せよ。余は所感を述べんとするに先だち一言諸君に向かって陳べざるを得ざるものあり、すなわち先に諸君が愛国の至誠よりして元寇紀念碑設立の挙に賛成せられ、特に多くの投贈を辱《かたじけな》うし事業上大いに勢力を得しの一事なり。偖《さ》て、余は卑見《ひけん》を述ぶるに際し何を以てか先ず口を開かんとするやと言うに、全国同心古今独歩の八字を以てするの適当なるを知るなり。試みに思え、元寇退滅の挙は如何なる挙ぞ、豈《あ》に全国同心の挙にあらずや、日本の臣民が協心合力以て虜賊を退けたる挙に対する紀念碑の物たる、亦《ま》た吾が日本全国四千万人が其の心を一にし其の感情を同うして建設すべきものにして、一派一流若しくは一個の恩愛上より建設するものと同日の論にあらず。所謂国民一致の護国心相い結して作らざるべからざるものたる事は因《もと》より言を待たざる所なりと信ず。故に曰く、全国同心を以て紀念碑を建設し、以て全国同心の美挙、全国同心の大功に報ずべしと。然り。而して余が所謂古今独歩とは、すなわち元寇紀念碑の物たる自余の物と其の性を異にし、紀念碑中の王たるを得るものにして、殆《ほとん》ど空前絶後の物の謂なり。

此《かく》の如くなるを以て、此の紀念碑の物体はただ一なりと雖《いえど》も之を作るの精神は日本国民四千万の精神を集め、天下万世に示して恥じざる所のものならざるべからず、之を以て余は広く天下に訴え全国民の同心協力を求めたり。是に於いて賛成を受くること少なからず、時に之を登記録に徴するに本島の人よりも沖縄の人、北海道の人、対馬の人、壱岐の人の如き海辺の人は尤《もっと》も熱心なる賛成を表せられたるは実に邦内の為に喜びに堪《た》えざる処なり。而して余の尤も感ぜしは海外人の同感を表せられたる事なり、然るに説を為《な》すものあり、曰《いわ》く元寇紀念碑の事業たる一地方の事のみと以て冷淡視するものなきにあらず。嗚呼《ああ》、彼の海外の人尚お我が此の国民的の挙に賛成を加う。而《しか》して彼れ何人ぞ敢えて此の挙を軽視するとは実に慨嘆《がいたん》に堪《た》えざるなり。諸君以て如何となす。

次に余《よ》は諸君に向かいて教えを乞《こ》わんと欲するものあり、即ち元寇退滅者に報ゆるの挙は後生子孫の宜《よろ》しく大声に称道し熱心に挙行すべき所なるに、爾来《じらい》六百年、之を不問に置きしは何の故なりしかの事なり。若し余の判断を公言するを得せしめば、余は言わん。是れ、国民的の感情が沿岸閉鎖の政略の為に抹殺《まっさつ》せられたるの故なりと。試みに見よ、彼の封建の世に於いて人々の心は只だ藩あるを知りて州あるを知らず、又た国あるを知らざりしを。

蓋《けだ》し外国交際なきの世には日本というの肩書きを要せざりしのみならず、日本を国として観察し、国として思うの要なかりしによるならん。然《しか》るに近時に至り国として日本を思い、日本という字をも愛敬し之を名刺の頭にまで書するに至りたり、此の如く邦国という観念を国民の心に生ぜしめたるは是れ実に外国交際の結果なりと言わざるを得ず。

然《しか》れども、能《よ》く之を考うるに、此の邦国的の観念は独り受動的に発達し来たりたるに非《あ》らず。此の観念は日本国民の固有として千古に伝わりしものたるは明なる事なり。只だ外国交際の有無によりて消長したるものにして、今日に至って其の発達を見しものと言わざるべからず。

抑《そもそ》も今日吾人が邦国的観念を心中に描き出し、日本国は決して敵国の侮《あなど》りを受けず、又た外寇の犯を蒙《こうむ》らず、若《も》し之を為すを敢《あ》えてするものあらば、四千万の国民は起って之を滅却《めっきゃく》せんというの念を執持せしめしものは、実に吾国開闢《かいびゃく》以来の遺風《いふう》にして、彼の元寇退滅の挙が此の気を鼓舞せしの影響たる事は疑うべからず。

我が国開闢以来、全国心を同じうし、全国民均《ひと》しく邦国的観念を持せし事は元寇退滅の時より盛なるはなし。想い見よ、彼の元虜が支那四百餘州を併呑《へいどん》し欧州を畏怖せしめし大勢を以て、来て此の日本に向かうに方りて其の勇気の如何に盛んにして其の兵力の如何に強かりしかを。彼の趙家は之が為に、已に蹂躙《じゅうりん》せられ、欧州の各酋も之に向うて服せしなり。然《しか》るに我が国民は水を井中《せいちゅう》に求めしめしのスパルタ人ならざるも、彼のペルシア来寇の如きの敵に対して龍口を与え、静かに動かず、以て賊を滅して邦国を金甌無缺《きんおうむけつ》の物として後世に伝え、吾人をして日本の万国に卓越するを知らしめしは、抑《そもそ》も誰れの功ぞや。

噫《ああ》、文永、弘安の君臣が協力同心して日本を累卵《るいらん》の危に救いしの功又た大にして卓ならずや。余故に曰く、国民が邦国的の感情を以て大事を為せしは此の時を以て盛なりとなすと。言を換えて之を言えば元寇退滅者は全国同心の主義を以て一大美挙をなし、後世に向こうて此の主義を還付したるなり。

是を以て之を見れば、元寇退滅者は実に吾人後世子孫に金甌無缺の日本と邦国的感情を還付したるなり。凡《およ》そ贈遺の大なるもの、之に過ぐるものあらざるべし。かかる大賜を受けたる吾人にして、之に向こうて何等の報いなきは是れ豈《あ》に日本人民の所為ならんや。然り而《しか》して之に向こうて報ずるの方法たる二者に外ならず。唯々金甌無缺の日本を金甌無缺のものとして吾人の子孫に伝えることと、邦国的感情を以て一大紀念碑を作り、吾人が四千万の精神を一団として之を一碑に集め、以て彼の有功の人を表し、並びに日本国民の心を表すとの二者に在るべし。而《しか》して此の二者中、前者は重且《か》つ大なるものにして、後者は吾人の容易に為し得べきものなり。

然《しか》るに前者は重且つ大なりとして未だ之を全うする能《あた》わざるのみならず、其の容易に為し得べきものをも敢えて之を為さざるは、吾人は何の面目ありてか彼の祖先功臣に対せん、何の顔《かんばせ》ありてか邦国に立たん。余は終わりに臨み一言せんと欲するは、近来教育の方針漸《ようや》く国家主義となりし事なり。此の主義の起こりて諸学校を支配するに至りたるは実に吾人をして元寇の当時神風が日本軍を助けたると同一の感あらしむ。而して特に当校諸君が邦国の精神を固持せらるる事は実に吾人の意をして強からしむるものあり。大いに感服の至りに堪《た》えず。是を以て余は今諸君に対するにも諸君を各々の人とは見ず、満場の諸君を国の一字として考え、主客彼我《ひが》の隔《へだ》ては勿論なく、余自身も及ばずながら国字の一劃《かく》として我が思う所を同一分子なる諸君に吐露《とろ》したり。諸君乞う、之を察せよ。噫《ああ》、余は言うべきの人に対し却《かえ》って言う能わず、言わんと欲するも情胸に満ちて口之を出す能《あた》わず。諸君乞う、之を察せよ。

国

於、大日本婦人教育会

私は今日初めて皆様に御目に懸《かか》り御話をする事を得ましたのは、誠に満足に堪えられません。然《しか》るに私は御話が下手で精神は百倍ありますから其の積もりで御聴きを願います。扨《さて》、私は「国」と言う御話を申しまする。而して其の大体を分けて第一段、第二段となし、国という演題を出せし所以及び、国を護るのは国民の義務であるという事を説きます。

抑《そもそ》も国の本は人にあり、人を生むのは婦人にあり、然らば婦人を国の本と言うても宜しいと思います。況して婦人は人を生み出すのみでなく、其の生みし人に教育をしなければならん。即ち万物の霊と呼ばるる者、母たるべき義務があるという事は既に皆様が深く厚く御存知の事で、日本といい支那といい、西洋といい、一つの賢明君子あり、英邁《えいまい》豪傑とは如何なる母が教育をしたであろうかと、其の母に眼を付けますする。これ、大日本婦人教育会の必要已《や》むべからざる所以にして、皆様もこの主旨に基づき、此の会を御始めなさったのであろうと想います。然して其の同感の御方が次第に殖《ふ》え、今日の如く多数なる賢婦諸君の集合体と成長したものと確信致します。

国の名誉と申しまするものは、一朝一夕には拵える事の出来るものではなく、又一家の名誉も同じ事で一朝一夕には出来ません。又た一人の事に就いても名誉幸福というものは矢張り即座に買い得ることは出来ません。多少の艱難《かんなん》辛苦を凌《しの》ぎ得ざれば買い受けは出来ますまい。果たして諸君が御家の往昔を尋ねましたならば、御代々の中に必ず非常なる艱難を御凌《しの》ぎなさった方があるに相違ないと思います。

之を大にして国家の上から申しましても、辛苦艱難を経て後初めて其の国の光輝を発揚し得るので御座います。尋常の事で磨き出すことの出来ないのは、書籍にも多く書いて御座います。然《しか》らば当今如何なる事を為したならば、国を護りて人の鏡となる事が出来るかと尋ぬるならば、目の前の学問行状と雖《いえど》も、これを践《ふ》み行う上に就《つ》いては易い様で仲々難しいのが人情の常であります。

私も諸君等も共に左様でありますから、すべて風俗を善くするのが緊要《きんよう》と思います。人々噂するにも「アスコ」の家は風俗が宜《よろ》しいから定めて子女の教育も好いであろうとか、親子の間も睦《むつ》まじいから家族一般召使いに至る迄《まで》、正直なのであろうなどと言われるものであります。故に、風俗が良ければ他より望んで之を仰ぎ崇《あが》める様になります。

御注意あらんことを希望致します。而して私も今日斯《しか》る貴婦人令嬢方へ御話する事を得まするにも、矢張り元は婦人の教育を受けたる事を思い出しますが、併しそれを受けたる程に自ら磨く事が出来なくて御恥かしく存じます。その教育されたる時の事を語るも良しけれど、それは木村先生が能く御存じに付き別段申し上げません。

(此の時木村サダ先生は席を離れ、会員諸氏に向かって、湯地先生より直に聴くを願うか否やを問う、会員一同、直に湯地先生より演述せられん事を求む)。

然《しか》らばおこがましき事で御座いますけれども、幸い私が八、九年前に描いて置いた物が御座いますから其《そ》れを御覧に入れて其の話を致します。

(是《こ》れより児童読書の図を示す)

此《こ》の幼くして本を読んで居るのは私の父で御座います。又た此の垣根の外に筆と紙とを持って立ち居るのは私の父の母、即ち私の祖母にあたる者で、此の私の父が幼少の頃、教師の家に論語の素読を受けて居りました。

祖母は能く覚えさせたいと思いまして、いつも此の家の垣根の外に立ちて読み声を仮名で書き取りまして、父の帰ります前に帰っておりまして、内職の裁縫を致しながら、其の傍らで温習致させましたので、父は遂に論語を素読することが出来るようになりました。其の論語を書き抜きました紙が沢山にあったそうで御座いましたが、私の成長の頃はそれから数十年にもなりますので、残れるものは僅《わず》かになりました故、其れを表装致し、私の家庭教育の鏡として居りましたが、明治十年の戦争前に或る人の依頼により貸し与えて置きました処が、俄《にわか》の兵乱にて其の有処が知れぬ様になりましたので、実に残念に堪えず、此の図を作り、始末を書き綴りました。序《ついで》まで御話を致しますれば、私の旧藩主細川侯に此の貞操と孝行が聞こえまして、天保十四年十一月二十日に、祖母と父が同日に賞詞を受けました。私の父は丈右衛門と申し居りました。時に賜りました辞令があります。

丈右衛門母儀夫生存中事方宜敷死後追善も厚く且又姑にも能く事子供教育も行届候様子委敷達尊聴奇特の儀被思召上候依之目録之通被下置旨被仰出候　以上

又た父への賞詞文は

父生存中事方宜敷死後追善孝も厚く且又母並祖母へも能事候様子委敷達尊聴尤之儀に被思召上候此段可申聞旨被仰出候丈右衛門へ可申渡候　以上

私の家には藩主の恩を極めて厚く受けて居りまする。私の父は十三歳の時別れました故、其の後は此の祖母が又た私を育て上げ、学校其の他総ての事、父に代り烈《はげ》しく教えを致して呉れました。私は其の頃、誠に病身でありまして、充分の学問も致し得ませんので、今日では甚だ残念に思います。私は幸いに祖母の生存中、伊勢参宮の望みありしも遂に出来得ませんを残念に思い、今年一月に（七十七歳）の頃の写真を抱き参宮致しました。今日婦人会の御招きにて御話致すも矢張り其の恩に報ゆる一端であろうと思います。

祖母の霊は定めて喜び居る事でありましょう。

私も心中に無上の喜びを感じます。扨《さて》、先刻演説書を差し出しました中にある所の女子高等師範学校教師「ミス・イザベラプリンス、ミス・メーリープリンス」両人との問答書を御覧でありましょう。「日本婦人は教育が後れたから愛国心が少ないが、我が国などは決して国を忘るるなどの事は出来ない故に、我が国が独立を致せし時も、婦人に至るまで国を守ろうという精神が悉《ことごと》く結合しましたから、今日迄も独立の思想に富んで居るのであると答えました」

成る程其の通りで、愛国の精神が結合すれば如何なる敵国にも打ち勝つことが出来るけれども、何程機械が満足しても愛国心がなければ勝つ事が出来ません。愛国心と機械と両方ながら満足して世界に敵なしと言うもので御座います。

若《も》し国民の風俗が忠良ならざる時は機械を捨て遁《のが》ることがあるのは遠き昔に尋ねずとも、維新前後戦争の旧幕の兵を見ても分かります。

抑《そもそ》も、外国人より日本の婦人は愛国心なしと言われて済むものでありますか、私は決して日本婦人の性質に愛国心が乏しいという証拠は存じません。

日本婦人は非常に強い精神を持っているに相違無いと思うから、必ずこれを証拠立てなければなりません。

神功皇后は、御身躬ら万乗の尊きを以て三韓征伐に御出懸けになったのは、畢竟《ひっきょう》日本婦人の国を守り国を起こす所の良き精神あるの証拠で御座いましょう。この、神功皇后の御心を四千万人の半ば、即ち二千万人の婦人方が持ちましたならば、必ず親に似たる子を生み、育つる事が出来るに相違ないと思います。而し是れ程の資格を得る様に教育を以て磨かねばなりません。金鉄と雖《いえど》も磨きが足りないと錆《さび》が出来ます。満場の貴婦人令嬢方は、幸いに良く御磨きになって、神功皇后の御心を守り、愛国の心を養わんことを希望致します。

今日軽薄なる風俗の侭《まま》で日本婦人が居たならば、彼の婦人に罵《のの》しらるるも申し開きは立ちません。実に残念な事では御座いませんか、私はこの「ミス・プリンス」と話を致した時に、「婦人はかく迄に侮蔑されたか残念至極、婦人の教育を最も起こさねばならぬ」と思いましたのは昨年八月のことでありました。深く私の脳髄に感慨を起こしました処に計らずも今日貴婦人方に向かって胸襟を開き、御話をすることを得ましたことを実に満足に存じます。先ず私の教育上の考えは斯《こ》のようなものであります。私は明治二十二年七月一日に懐古紀念会にて祝文を読んだことがあります。この祝文は、

昔は則ち今の母なり、今は則ち後の母なり。若し今にして昔を思わずんば、何を以てか古人に報ぜん、苟《いやしく》も後世の為となり恩となる事を為すこそ今の義務なり。思い深くして詞《ことば》尽きず、満場の諸君と共に後世を慮りて先ず人に酬いん。

という意味の事を祝文にして読みました。

即ち彼の蒙古十万の兵を鏖《みなごろし》にしたる期日で御座います。それより紀念碑という事を初めて今年が三回に当たりまするので、所謂古を弔い今を思い又た後世を慮るの元寇紀念会と称します。私が今日御招きにあずかりましたるを幸いとして御話を致しますのは外ではありません。元寇紀念碑の設立資金を生み出そうと思うは、恰《あたか》も母親が子を産みて之を育て上げようと思うのと同様の心得であります。

今後も幾多の艱難辛苦を経なければなりませんから、忍耐の心を充分に蓄《たくわ》えて居ります。国という問題を掲げた御話も数多御座いますが、国というものは、其の処に（コロリ）と出来る

ものではなく、即ち其の字の如く、まず（口）を構え、中に「或」とか「民」とか、又は「八方」とか、「玉」とか良き字を入れなければなりません。

満足の国と称せらるるには倫理という大切なる良き風俗を教えこまねばなりませんから、母たる者は只だ産み出したるばかりではなりません。充分之に教育を与うるだけの精神を養い、躬《みずか》ら行い慎みてこそ、始めて其の子供を能く成長せしめ、良き人物たらしめ、良き風俗をつくらしむることが出来るので御座います。

然らば婦人は国の基で在るゆえに、茲《ここ》に此の題を掲げた次第であります。

（国）という問題を掲げて演説するのはこれで四度目で御座います。此の国は日本の国で二千五百五十年、何の苦もなく続きました乎《か》。仲々左様では在りません。大なる節がありまして、其の第一の節は今より六百九年前、蒙古の兵十万を引き受けて、君臣共に身を捨てて守りたる国であります。而して其の時の国民は貴きとなく賤となく、婦人迄も共に力を合わせたればこそ今日の如く金甌無缺の日本という事が出来たのであります。

その大恩は片時も忘れてはなりますまい。

然《しか》るに若《も》し、此の恩を忘るるならば、即ち身を愛せざるもので在ります。身を愛し国に及ぼすには教育の仕方に在ります。軽薄なる学問は何程致しても只《た》だ博いばかりで人情風俗が卑しくなります。何とぞ厚く重くなる様にありたきものと祈ります。

このお話はこれにて終わりますが、これより、此処に掲げました処の蒙古襲来の図、及び陳列したる物品に付いて説明を申し上げます。

このほか、丈雄が演壇に立った回数が多いだけに、その論稿も多いが、そのほとんどは失われているのは遺憾であった。

ここに記したものは、その残れるもののうちの二、三に過ぎないので、これによって丈雄の論稿の全部を推察することは困難であろう。

その後半に至っては、その弁論も論稿も、かなり充実したものであったということだけが、僅かに察し得られるのである。

この外、重野博士などの応援演説や新聞雑誌その他の論評もあったが、みな初期のものが多く、重要なものでもないので割愛した。

そのかわりといってはおかしいが、ここに掲げた丈雄の論稿だけは、たとえその文体拙なしとはいえ、その精神のありどころを追究して、いくたびも、いくたびも読みかえしていただきたい。

そこには、おのずから丈雄のあたたかい血の流れを感ずることが出来るであろうから。

（完）

後記

さきごろ、海軍報道部の平出大佐殿は、《このような時代には、戦う文学というものがあっても良いと思う》というような趣旨のことを言われていたが、これは私たちの身魂に銘ずる言葉であった。

しかし、湯地丈雄の一巻は、その言葉に値する文学であるかどうかは他者の批判に待つほかはないが、たとえこれがその価値ある文学でないにしても、私は戦う国の同胞に捧ぐべく、最も適したものであり、永年秘められていた湯地丈雄翁の功績を今の世に問うこともその意味が深いということだけは自負するものである。

さりながら、筆硯拙《つた》なくして、丈雄翁の熱情溢《あふ》れる生涯と事業と、その人格を描写し尽くしていないかも知れないが、これを最初に手がけるものの困難を察して、御諒承《ごりょうしょう》をいただければ幸いである。

ただ私は、人事を尽くしたというだけである。若し新たな事実を発見したものや、手元にそうした資料をお持ちの方があったら、御手数でも御教示を頂きたい。私はまた何年かの後に、この湯地丈雄をもっと深く研究して、再び筆を改めて見たいと切望するものであり、そうあらねばならぬと考えている。

丁度この書の執筆が終わるころ、翁の令孫、湯地富雄氏から電話があり、湯地丈雄の紀念碑が千代松原に建立される計画が、皇道顕彰会の手によって進められると聞かされ、わがことのような喜びを感じた。

私は必ずこれが完成するであろうことを信ずるとともに、翁逝《ゆ》いて三十年後の今日、私が筆硯をもってこの偉業に報いんとするとき、はからずもこのような機運のあらわれたことは、何か偶然ではない神秘的なものを感じる次第である。

この書を刊行するにいたった、第一の功労者は、何といっても牧重治氏である。

私はただ、丈雄翁の業績に感動し、最高の情熱をかたむけてこれを執筆し、一国民として、また翁に対して、さらに言えば牧氏に対して、その責を果たしたに過ぎない。

この書を執筆するにあたり、その資料の探索と提供に尽力してくれた、長崎博物館林主事、前長崎警察署長井出精五郎氏、丈雄翁の縁戚者湯地惟順氏、また令孫湯地富雄氏などに対して深甚なる感謝を捧げたい。

そしてこの書を刊行せんと雄なる企画をたてた牧氏には最大の敬意を表し、進んでこの装幀と口絵の執筆をひきうけてくれた三谷一馬兄と、忙中湯地翁の漢詩訳を手伝ってくれた石原廣文兄に重ねて御礼を申し述べて置きたい。

そして末筆ではあるが、資料探査の長途の旅に随伴して、その記録速記に協力してくれた、わが詩の門人の一人、いまは北支の前線に召されて征っている三浦槐太郎君の武運を祈り、君の協力を得たこの書がいまこそ刊行されてゆくことの喜びを告げるとともに、その労に多謝して筆を擱く。

昭和十八年四月十六日

仲村久慈

刊行の言葉

昭和聖代の一出版業者として、私は、この書を心からの感激と誇りをもって全日本の同胞におくるものであります。

この書は、従来発行された、また今後発行される数多の書籍の中で、百千年の後まで残る幾冊かの優秀なる書籍のうち、特に貴重なる一冊として残すべき、また私の生涯における国家への御奉公として出版せるものであります。

その意味で、この書が上梓成るまでの経緯のあらましを、ここに誌して置きたいと思うのであります。

大東亜戦争の大詔を奉戴《ほうたい》する八日前、即ち昭和十六年十二月一日、私は元寇六百六十年にあたる紀念出版として「国難と時宗」を刊行いたしましたが、刊行に先だち、この表紙にすべき絵を求めて歩くうち、九段の遊就館に於いて蒙古襲来の図の名画を発見し、事務所で、これは湯地家所蔵のものなりしことを聞き、早速湯地家を訪れて同画の写真を拝借すると同時に、元寇に関する資料のあることも知ったので、同書の著者鷲尾先生にそのことを伝え、先生もまた同家を訪ねて資料を便覧されるに及び、その一端が「国難と時宗」によって顕《あら》わされ、それによって、湯地丈雄翁の事業と其の人格を知った私は、この人の思想こそ超非常時局下国民の思想でなければならないと痛感すると同時に、この隠れたる偉人の大事業とその熱情と、そしてこの愛国の大思想とを世に伝える事こそ、われわれ出版人の使命であると信じたのであります。

そうして私は、この熱血の愛国者を描くには、またそれだけの熱情を持った人でなければならないと、その適任者をひそかに尋ねること約一年、昨年九月、はからずも本書の著者仲村久慈氏と知り、談偶々この事に及ぶや、大いに共鳴するところあり、「筆力及ばぬかも知れぬが、如何なる犠牲と困難をおかしても全精神を打ち込んで必ず書きます」と、熱情を吐露《とろ》して快諾されたので、私もこの人なら、湯地丈雄翁の面目を発揮し得るとの確信を得たので、早速執筆をお願いしたのであります。

それから数日後、相い伴って湯地家を訪い、この事を話して当主富雄氏の御諒解と御支援を求め、著者はその足で九州への旅に出ました。

そしてつぶさに当時の事情を調べ、資料を蒐《あつ》め、種々の苦心と当初の熱情にさらに燃えるような感激と文章報国の赤誠を傾けて、ついに執筆を完《まっと》うされたものであります。

尚著者は、本年三十二歳、日本文学報国詩部会に属する詩人であり、詩誌「若い人」を主宰して門下の養成に献身していられる人で、一面玩具の研究家でもあって、近刊「日本の玩具」の著書あり、またその詩集「貧しきものの歌」は、全国の詩を愛する人々に愛読され、絶賛を博したものであります。

また、他面、裸一貫から独立独歩、悪戦苦闘の結果、現在、三河島に於いて文筆のかたわら、玩具工場を経営されている、特異にして多彩なる人生の勝利者でもあります。

私が前述の動機と信念との下に本書を刊行するに際して、著者にこの人を得たのも、何か偶然ではないように思われるのであります。

湯地丈雄翁の燃えるような愛国の熱情は、著者仲村氏の精神によって再び蘇って、必ずや我れら同胞の胸にも、千載不滅のものとなり、永遠に消えざる愛国の火となって燃えつづける事を信ずるものであります。

刊行者　牧　重　治識

昭和十八年四月

著者紹介

仲村久慈（なかむら　くじ）

日本文学報国会詩部会員（当時）

監修者紹介

三浦尚司（みうら　なおじ）

元福岡県警察北九州市警察部長

九州国際大学法学部特任教授

復刊 湯地丈雄《ゆぢたけお》
元寇紀念碑 亀山上皇像を建てた男

昭和十八年五月二十六日初版発行
平成二十七年三月二十三日復刊発行

著者　仲村久慈
監修者　三浦尚司
発行者　田村志朗
発行所　㈱梓書院
福岡市博多区千代三－二－一
TEL〇九二－六四三－七〇七五
FAX〇九二－六四三－七〇九五
印刷・製本　大同印刷㈱

ISBN978-4-87035-548-4